Jean-Arthur Rimbaud

Paterne Berrichon

© 2024, Paterne Berrichon (domaine public)
Édition : BoD • Books on Demand GmbH, In de
Tarpen 42, 22848 Norderstedt (Allemagne)
Impression : Libri Plureos GmbH, Friedensallee 273,
22763 Hamburg (Allemagne)
ISBN : 978-2-3225-4401-1
Dépôt légal : Août 2024

PATERNE BERRICHON

Jean-Arthur Rimbaud

Le Poète
(1854-1873)

POÈMES, LETTRES ET DOCUMENTS INÉDITS
PORTRAIT EN HÉLIOGRAVURE ET AUTOGRAPHE

> Et j'ai vu quelquefois ce que l'homme a cru voir.
>
> A. R.

PARIS
MERCVRE DE FRANCE

XXVI, RVE DE CONDÉ, XXVI

MCMXII

PREMIÈRE PARTIE

Les Origines et l'Enfance (*Premières Poésies*)

DEUXIÈME PARTIE

L'Adolescence (*Illuminations, Une Saison en Enfer*)

APPENDICE

Pièces justificatives

PREMIÈRE PARTIE

> Ah ! cette vie de mon enfance, la grande route par tous les temps, sobre surnaturellement, plus désintéressé que le meilleur des mendiants.
>
> ... Ceux que j'ai rencontrés *ne m'ont peut-être pas vu*.
>
> A. R.

LES ORIGINES ET L'ENFANCE

PREMIÈRES POÉSIES

À Edmond Picard.

I

Comme Victor Hugo, comme Gérard de Nerval, comme Paul Verlaine, Jean-Nicolas-Arthur Rimbaud est fils de militaire. Il naquit à Charleville (Ardennes), le 20 octobre 1854[1], chez son grand-père maternel, Nicolas Cuif.

Son père, le capitaine Frédéric Rimbaud, de l'arme de l'infanterie, était né à Dole (Jura) le 8 octobre 1814[2], de Didier Rimbaud, tailleur d'habits, né à Dijon, et de Catherine Taillandier, doloise.

Didier Rimbaud étant né en 1785, de Jean Rimbaud et de Marguerite Brot, et Catherine Taillandier étant née en 1786, de Jean Taillandier et de Jacquette Pacouvet, il nous eût été difficile, sinon impossible (les registres d'état civil d'avant la Révolution n'ont pas été conservés régulièrement ou ne comportent pas la somme de renseignements nécessaires) de poursuivre davantage nos investigations dans cette ascendance et de vérifier si, comme à plusieurs reprises on l'a prétendu, le nom de Rimbaud rejoint, dans la nuit généalogique, le nom patronymique des comtes d'Orange. Nous l'admettrons toutefois parce que ce fut vaguement de tradition dans la famille et parce qu'Arthur Rimbaud lui-même semble avoir été obsédé de cet atavisme féodal, lorsque, dubitativement il est vrai, dans *Une Saison en Enfer*, il dit :

> Je me rappelle l'histoire de France, fille aînée de l'Église. J'aurais fait, manant, le voyage de Terre-Sainte ; j'ai dans la tête des routes dans les plaines souabes, des vues de Byzance, des remparts de Solyme : le culte de Marie, l'attendrissement sur le Crucifié s'éveillent en moi parmi mille féeries profanes... Plus tard, reître, j'aurais bivaqué sous les nuits d'Allemagne.

Néanmoins, à l'aspect seul des noms d'alliance, on juge que les Rimbaud bourguignons-francs-comtois, humbles artisans, n'avaient guère le souci, par leurs mariages, de conserver pur le sang de Croisés provençaux coulant en leurs veines.

Il paraîtrait aussi que deux frères aînés de Frédéric Rimbaud, insurgés, ont trouvé la mort aux émeutes parisiennes de 1830. Cela est possible. Nous n'avons pas cru devoir, le fait en soi étant de minime importance héréditaire, en rechercher sérieusement la vérification.

Pour ce qui concerne l'ascendance paternelle, nous nous bornerons donc à la description aussi exacte que possible du capitaine Rimbaud. En 1832, il s'engagea volontairement au 46e régiment d'infanterie de ligne : il avait dix-huit ans. Son instruction première étant plutôt sommaire, c'est à force de travail qu'il parvint relativement vite — le pays se trouvait en période de paix — à gagner ses grades. En 1840, il était sergent major au 3e bataillon de Chasseurs à pied ; en 1841, il était sous-lieutenant au 8° bataillon de la même arme, et en 1842, il partait pour l'Afrique. C'est, on le voit, au titre d'officier qu'il fit, sous Bugeaud, Mac-Mahon et Bazaine, avec son bataillon devenu le 8e bataillon des Chasseurs d'Orléans, la conquête de l'Algérie. Puis, employé aux bureaux arabes, il devint, en raison de sa connaissance approfondie de la langue indigène, un entendu et méticuleux colonisateur. Rentré en France en 1850, il fut nommé, le 3 mars 1852, capitaine au 47e régiment de ligne, en garnison à Givet. Peu après, nous le voyons à Mézières commander une compagnie de ce même régiment, et, en 1853, le 8 février, il se marie à Charleville avec Vitalie Cuif. Il est décoré de la légion d'honneur en 1854. En 1855, il part faire la campagne de Crimée. Son second fils, Arthur, était né.

Il participa aussi à la campagne d'Italie. Ensuite, il revint en France, avec son régiment, occuper des garnisons diverses jusqu'à ce que, ses droits à la retraite étant acquis, il les fît valoir et allât, tout seul, se reposer de ses pérégrinations en Dijon, pays d'origine de son père, où il devait mourir le 16 novembre 1878. Très cocardier : en 1870, on eut toutes les peines du monde à lui faire comprendre que son âge — il avait cinquante-six ans — et ses infirmités empêchaient son admission à l'armée qui était en campagne contre le Prussien et de laquelle, fût-ce à titre de simple soldat, il voulait absolument faire partie : son régiment, le 47e de ligne, venait d'être presque complètement anéanti à Reichshoffen ou à Frœschwiller.

Le capitaine Rimbaud était un homme de taille moyenne, blond, au front haut, aux yeux bleus, au nez court et légèrement retroussé, à la bouche charnue ; portant, à la mode de ce temps-là, la moustache et l'impériale. Il avait le caractère mobile indolent et violent, tour à tour. Est-ce aux bureaux arabes qu'il avait contracté son humeur peu paternelle et qui se démontrait surtout en présence des derniers nés ? Toujours est-il que sa femme, chaque fois qu'un enfant allait lui naître, quittait momentanément le foyer conjugal pour aller réfugier sa maternité auprès de son père, Nicolas Cuif. Et cela explique comment Jean-Arthur Rimbaud, de même que son frère et deux de ses sœurs, naquit chez son aïeul, lequel, alors rentier, demeurait au premier étage de l'immeuble portant le n° 12 de la rue Napoléon, à Charleville.

Une plaque commémorative de cette naissance se voit aujourd'hui sur la façade dudit immeuble ; mais — ô petitesse du temps ! — la rue a changé de nom : elle s'appelle rue Thiers.

Vitalie Cuif, épouse de Frédéric Rimbaud, descendait d'une notable famille de propriétaires-agriculteurs de l'arrondissement de Vouziers (Ardennes). Elle était née à Roche[3], canton d'Attigny, le 10 mars 1825[4], de Jean-Nicolas Cuif et de Marie-Louise-Félicité Fay, apparentée aux Fay d'Athies, de Tourteron.

De temps immémorial, les Cuif ont habité la contrée ; et ils y furent, successivement, laboureurs. En sorte que leur généalogie est claire et serait facile à remonter. Mais à quoi bon ? Contentons-nous de constater qu'ils sont de purs ardennais du vallage et que, d'ailleurs, soit sous leur nom patronymique, soit sous des noms d'alliance, ils rayonnent de tous côtés dans la région de Vouziers et celle de Rethel.

La maison familiale à Roche, occupée de père en fils par l'aîné des Cuif jusqu'au frère de Vitalie, mort célibataire en 1856, a été rebâtie en 1791 par Jean-Baptiste Cuif, qui était à ce moment-là fermier du seigneur de Roche et qui avait, en 1789 et 1790, acheté cette maison et les terres en dépendant aux héritiers de messire Louis Le Seur, prêtre licencié ès-lois, chanoine de l'église collégiale de Saint-Pierre de Mézières-sur-Meuse, baron de Nanteuil-sur-Aisne, seigneur de Murtin et autres lieux. Ce Jean-Baptiste Cuif était le bisaïeul de Madame Rimbaud et, en même temps que laboureur, il fut, devant l'Éternel, un audacieux constructeur. On lui doit la configuration actuelle du château de Roche, une bonne part des maisons du hameau, ainsi que la construction, en 1803, sur un prieuré, de l'importante ferme de Fontenille, située entre Roche et Voncq, et acquise par lui de trafiquants de biens nationaux. Ce serait donc en connaissance de cause qu'Arthur Rimbaud, dans *Une Saison en Enfer*, évoque l'origine gauloise et paysanne de ses ancêtres et les dit redevables de tout à la déclaration des Droits de l'homme.

Quoique, des chartes conservées par la famille, il ressorte que les Cuif étaient munis d'une certaine instruction, on trouverait dans cette forte et active race de terriens, grands chasseurs et intrépides marcheurs, peu d'intellectuels, au sens donné aujourd'hui à ce mot. Notons pourtant que le professeur Augustin Gilbert, né à Buzancy près de Vouziers, et l'un des princes actuels de la science médicale, a pour ancêtre commun avec Arthur Rimbaud le Jean-Baptiste Cuif dont il vient d'être question. Au demeurant, la fidélité à la terre était de tradition dans cette famille et Vitalie Cuif, encore qu'il en paraisse autrement par son mariage, avait hérité de cette vertu.

C'était une femme de taille au-dessus de la moyenne, aux cheveux châtain-foncé, au teint discrètement basané, au front large, aux yeux bleu-clair, au nez bien droit, à la bouche mince. Maigre, les mains longues et noueuses, elle avait l'allure fière et énergique. Son caractère volontaire marchait avec une irréductible fermeté à l'accomplissement de ce qu'elle considérait comme son devoir, sans souci aucun du qu'en-dira-t-on, si malveillant et souvent si préjudiciable dans les petites villes et les campagnes. Elle aimait la solitude. Son éducation avait été relativement soignée ; et il faut dire que sous son enveloppe rigide se cachaient de singulières et profondes délicatesses d'âme. Elle possédait une assez belle faculté d'écrire : sa fille conserve d'elle des lettres d'une grammaire sûre, d'un style précis et grave, acerbe parfois, avec un choix d'expressions qu'on ne trouve pas toujours chez les écrivains professionnels. De tempérament très nerveux, elle avait eu, pendant son enfance, des accès de somnambulisme. Jusqu'à sa mort, survenue le 1er août 1907, elle demeura très catholique, d'un catholicisme fervent, rigoureux et mystique à la fois. Son énergie foncière, même à la dernière minute, ne faiblit point.

Il est bien évident qu'une femme de cette trempe devait éprouver des froissements au contact moral de l'ancien chef du bureau arabe de Sebdou. De son côté, le capitaine Rimbaud, habitué de commander à des humanités inférieures, n'eut peut-être pas envers sa femme tous les égards et l'attention qu'elle méritait. L'un et l'autre étaient irritables. Des conflits nécessairement éclatèrent, dont la cause principale gisait dans une opposition complète de vues au sujet des enfants, que Monsieur Rimbaud, maladivement, ne pouvait supporter et que Madame Rimbaud, chrétiennement, entendait garder près d'elle pour surveiller avec rigueur leur éducation. Joignons à cela les déplacements fréquents, campagnes, changements de garnison, à quoi les militaires de cette époque étaient assujettis ; et l'on comprendra aisément qu'à la longue, dans ces conditions, le ménage devait se désagréger.

La séparation se fit d'elle-même, pour ainsi dire, amiable, tout simplement. Le capitaine Rimbaud reprit sa vie d'officier célibataire en des garnisons diverses, et sa femme, avec les enfants, dont le cinquième allait naître, se fixa décidément à Charleville. C'était en 1860. Nicolas Cuif était mort depuis deux ans. Arthur Rimbaud se trouvait dans sa sixième année.

II

Avant de suivre cette famille, privée de son chef, dans les changements successifs d'habitation à Charleville, rétrospectivement disons quelques particularités de la petite enfance d'Arthur.

À l'heure même de sa venue au monde, on venait de lui dispenser les premiers soins dus aux nouveau-nés le médecin-accoucheur constata qu'il avait déjà les yeux grands ouverts. Et, comme la garde-malade chargée de l'emmailloter l'avait posé sur un coussin, à terre, pour aller chercher quelque détail de maillot, on le vit avec stupéfaction descendre de son coussin et ramper, rieur, vers la porte de l'appartement donnant sur le palier.

Sa mère étant tombée malade des suites de l'accouchement, il fut mis en nourrice à Gespunsart, sur la frontière belge, dans une famille de cloutiers. Ces braves gens, en vue du petit Arthur, avaient été pourvus d'une copieuse layette. Un jour que, rétablie, Madame Rimbaud était allée à l'improviste visiter son bébé, elle demeura surprise et indignée de le trouver nu et jouant tout seul dans un coffre à sel tandis que le frère de lait, mollement couché dans le berceau destiné au nourrisson, se prélassait emmi la belle layette. Elle fit, naturellement, de vifs reproches à la nourrice. Mais celle-ci protesta et fournit la preuve que tel était bien le plaisir de l'enfant, de s'ébattre seul et sans oripeaux dans la fruste et rude boîte.

Madame Rimbaud n'en rentra pas moins inquiète à Charleville ; et, comme son mari venait d'être embarqué pour l'Orient, elle se mit en mesure de garder auprès d'elle ses deux garçons, dont l'aîné, Frédéric, se trouvait de son côté en nourrice à Saint-Pierre-sur-Vence, près de Mézières. Elle était heureuse de pouvoir enfin remplir tous ses devoirs maternels, dans la maison de son père, non moins heureux qu'elle de caresser et d'aduler ses petits-enfants.

Dès l'âge de huit mois, Arthur, plus précoce infiniment que son frère aîné d'un an, marchait sans aide aucune, délibérement.

Au retour de Crimée et d'Italie, le capitaine Rimbaud était venu rejoindre sa femme et l'on avait repris ensemble, à Lyon, à Paris, à Grenoble, la vie de garnison jusqu'au moment où Madame Rimbaud, étant de nouveau sur le point d'accoucher, dut, avec ses garçonnets, s'en aller à Charleville.

Le rez-de-chaussée du n° 12 de la rue Napoléon (rue Thiers à présent) était occupé à cette époque, et l'est encore aujourd'hui, par une boutique de librairie. Une fois, Arthur — il allait avoir quatre ans — grimpé sur le soubassement de cette boutique, se tenait en contemplation devant les images d'Épinal étalées aux vitres et représentant des aventures de voyage. Le libraire, derrière son comptoir, observait, depuis un moment, cette tête d'angelot aux divins yeux bleus écarquillés d'extase. Intéressé, il ouvrit sa porte, sans qu'au bruit l'enfant se dérangeât, et vint doucement lui demander ce qui le passionnait à ce point. Arthur, déjà farouche, ne bougea ni ne répondit d'abord ; et ce ne fut qu'après bien des instances affectueuses qu'il désigna les images. Le libraire offre de les lui vendre. Le petit garçon, fébrile, à défaut de sous, propose en paiement la petite sœur que venait de lui donner sa maman. Il va sans dire que le bon marchand, touché jusqu'aux larmes de l'intensité de ce désir, donna les images sans exiger de nantissement.

Donc, en 1860, Madame Rimbaud, encore enceinte, était bien décidée à se fixer à demeure à Charleville, où les ressources d'éducation et d'instruction sont infiniment plus grandes qu'à la campagne. Comme elle n'avait plus le refuge du foyer de son père Nicolas Cuif, décédé, elle descendit à l'hôtel du Lion d'Argent et se mit aussitôt en quête d'un logis suffisant pour elle et sa progéniture. Malheureusement, on était assez loin de la Saint-Jean, époque coutumière, en Ardennes, des déménagements. Elle dut se contenter d'une partie de maison, par hasard libre, dans la vieille rue Bourbon hantée du populaire.

Cette installation de fortune, provisoire en l'esprit de la mère de famille, devait, à cause des usages carolopolitains de location, se prolonger plus qu'elle n'eût voulu. L'austérité de cette femme, sa fierté, le sentiment, exagéré peut-être, de ses responsabilités d'éducatrice, ne s'accommodaient guère de la promiscuité avec ce monde ouvrier où la marmaille, négligée et souvent livrée à elle-même, s'ébat trop librement dans les escaliers, dans les cours et dans la rue. C'est que, sous des dehors froids et autoritaires, Madame Rimbaud célait une vigilante amativité. Elle était très laborieuse, très économe pour soi-même ; et comme, sans être ce qu'on appelle riche, elle jouissait d'une certaine aisance, cela lui permettait de pourvoir largement aux besoins et au soin de ses enfants, et de garder un certain décorum sans recourir trop aux services d'une domesticité dont la présence lui était suspecte moralement et peu agréable.

Nous avons dit qu'Arthur allait avoir six ans. Son frère approchait de sept ans Vitalie, la seconde de ses sœurs (la première était morte en nourrice), avait deux ans Isabelle devait naître en juin de cette année 1860. On comprendra qu'élever ce petit monde vers la perfection visée et le garer des contingences fâcheuses n'était pas, pour une femme seule, tâche facile. Il y fallait même, avouons-le, employer quelque héroïsme, au moment surtout où elle allaita sa dernière-née et étant donné que les petits garçons montraient déjà, chacun à sa façon, leur inclination pour l'indépendance.

Dix ans plus tard, en 1871, Arthur Rimbaud rassemblera ses souvenirs du séjour dans la rue Bourbon. Ses seize ans viennent d'assister à l'agonie de la Commune. Son âme est pleine du spectacle tumultueusement tragique de cette insurrection ouvrière ; son esprit bouillonne dans un rêve de fraternité universelle ; son cœur se fond de sympathie pour le peuple. Il recherche dans son passé les signes précurseurs de la démocratique tempête d'amour qui le secoue tout en ce moment, et, non sans les mettre d'accord avec sa mentalité actuelle, il les précise par cette eau-forte si fouillée :

LES POÈTES DE SEPT ANS[5]

Et la Mère, fermant le livre du devoir,
S'en allait satisfaite et très fière, sans voir,
Dans les yeux bleus et sous le front plein d'éminences,
L'âme de son enfant livrée aux répugnances.

Tout le jour, il suait d'obéissance ; très
Intelligent ; pourtant des tics noirs, quelques traits
Semblaient prouver en lui d'acres hypocrisies.
Dans l'ombre des couloirs aux tentures moisies,
En passant il tirait la langue, les deux poings
À l'aine, et dans ses yeux fermés voyait des points.
Une porte s'ouvrait sur le soir à la lampe,
On le voyait là-haut qui râlait sur la rampe,
Sous un golfe de jour pendant du toit. L'été
Surtout, vaincu, stupide, il était entêté
À se renfermer dans la fraîcheur des latrines :
Il pensait là, tranquille et livrant ses narines.

Quand, lavé des odeurs du jour, le jardinet
Derrière la maison, en hiver, s'illunait :
Gisant au pied d'un mur, enterré dans la marne
Et pour des visions écrasant son œil darne,

Il écoutait grouiller les galeux espaliers.

Pitié ! ces enfants seuls étaient ses familiers
Qui, chétifs, fronts nus, œil déteignant sur la joue,
Cachant de maigres doigts jaunes et noirs de boue
Sous des habits puant la foire, et tout vieillots,
Conversaient avec la douceur des idiots.
Et si, l'ayant surpris à des pitiés immondes,
Sa mère s'effrayait, les tendresses profondes
De l'enfant se jetaient sur cet étonnement
C'était bon. Elle avait le bleu regard — qui ment !

À sept ans, il faisait des romans sur la vie
Du grand désert où luit la Liberté ravie,
Forêts, soleils, rives, savanes ! Il s'aidait
De journaux illustrés où, rouge, il regardait
Des Espagnoles rire et des Italiennes.

Quand venait, l'ûeil brun, folle, en robes d'indiennes,
— Huit ans — la fille des ouvriers d'à côté,
La petite brutale, et qu'elle avait sauté,
Dans un coin, sur son dos, en secouant ses tresses,
Et qu'il était sous elle, il lui mordait les fesses,
Car elle ne portait jamais de pantalons,
Et, par elle meurtri des poings et des talons,
Remportait les saveurs de sa peau dans sa chambre.

Il craignait les blafards dimanches de décembre
Où, pommadé, sur un guéridon d'acajou,

Il lisait une Bible à la tranche vert-chou.
Des rêves l'oppressaient, chaque nuit, dans l'alcôve.
Il n'aimait pas Dieu, mais les hommes qu'au soir fauve,
Noirs, en blouse, il voyait rentrer dans le faubourg
Où les crieurs, en trois roulements de tambour,
Font autour des édits rire et gronder les foules.
Il rêvait la prairie amoureuse, où des houles
Lumineuses, parfums sains, pubescences d'or,
Font leur remuement calme et prennent leur essor ;

Et comme il savourait surtout les sombres choses
Quand, dans la chambre nue aux persiennes closes,
Haute et bleue, âcrement prise d'humidité,
Il lisait son roman sans cesse médité,
Plein de lourds ciels ocreux et de forêts noyées,
De fleurs de chair au bois sidéral déployées,
— Vertige, écroulements, déroutes et pitié
Tandis que se faisait la rumeur du quartier,
En bas, seul et couché sur des pièces de toile
Écrue et pressentant violemment la voile !…

III

À la Saint-Jean de 1862, on quitta enfin la rue Bourbon et on alla demeurer cours d'Orléans, « sous les allées », le quartier le plus aéré et le mieux fréquenté de la ville. Arthur et son frère venaient d'entrer comme externes à l'institution Rossat[6], établissement libre d'instruction primaire et secondaire, où ils devaient recevoir les premières notions du latin. Madame Rimbaud leur avait appris elle-même à lire et à écrire, tout en leur faisant, avec gravité, le récit de mille héroïques et religieuses légendes.

Rien de bien particulier ne signale Arthur Rimbaud pendant son séjour à l'institution Rossat si ce n'est la narration française suivante, de son initiative, que nous avons trouvée dans un de ses cahiers d'écolier, parmi des exercices latins et des pensums

Le soleil était encore chaud ; cependant il n'éclairait presque plus la terre ; comme un flambeau placé devant les… [illisible]… ne les éclaire plus que par une faible lueur, ainsi le soleil, flambeau terrestre, s'éteignait en laissant échapper de son corps de feu une dernière et faible lueur qui cependant laissait encore voir les feuilles vertes des arbres, les petites fleurs qui se flétrissaient, et le sommet gigantesque des pins, des peupliers et des chênes séculaires. Le vent rafraîchissant, c'est-à-dire une brise fraîche, agitait les feuilles des arbres avec un bruissement à peu près semblable à celui que faisaient les eaux argentées du ruisseau qui coulait à mes pieds. Les fougères courbaient leur front vert devant le vent. Je m'endormis, non sans m'être abreuvé de l'eau du ruisseau.

Je rêvai que… j'étais né à Reims, l'an 1503.

Reims était alors une petite ville ou, pour mieux dire, un bourg cependant renommé à cause de sa belle cathédrale, témoin du sacre du roi Clovis.

Mes parents étaient peu riches, mais très honnêtes ils n'avaient pour tout bien qu'une petite maison qui leur avait toujours appartenu et, en plus, quelques mille francs auxquels il faut encore ajouter les petits louis provenant des économies de ma mère.

Mon père était officier[Z], dans les armées du roi. C'était un homme grand, maigre, chevelure noire, barbe, yeux, peau de même couleur. Quoiqu'il n'eût guère, quand j'étais né, que 48 ou 50 ans, on lui en aurait certainement bien donné 60 ou 58. Il était d'un caractère vif, bouillant, souvent en colère et ne voulant rien souffrir qui lui déplût.

Ma mère était bien différente : femme douce, calme, s'effrayant de peu de chose, et cependant tenant la maison dans un ordre parfait. Elle était si calme que mon père l'amusait comme une jeune demoiselle. J'étais le plus aimé. Mes frères étaient moins vaillants que moi et cependant plus grands. J'aimais peu l'étude, c'est-à-dire d'apprendre à lire, écrire et compter ; mais si c'était pour arranger une maison, cultiver un jardin, faire des commissions, à la bonne heure ! — je me plaisais à cela.

Je me rappelle qu'un jour mon père m'avait promis vingt sous, si je lui faisais bien une division ; je commençai, mais je ne pus finir. Ah combien de fois ne m'a-t-il pas promis des sous, des jouets, des friandises, même une fois cinq francs, si je pouvais lui lire quelque chose !

Malgré cela, mon père me mit en classe dès que j'eus dix ans.

« Pourquoi — me disais-je — apprendre du grec, du latin ? Je ne le sais. Enfin, on n'a pas besoin de cela ! Que m'importe à moi que je sois reçu ? À quoi cela sert-il d'être reçu ? À rien, n'est-ce pas ? Si, pourtant ; on dit qu'on n'a une place que lorsqu'on est reçu. Moi, je ne veux pas de place ; je serai rentier. Quand même on en voudrait une, pourquoi apprendre le latin ? Personne ne parle cette langue. Quelquefois j'en vois, du latin, sur les journaux ; mais, dieu merci, je ne serai pas journaliste.

« Pourquoi apprendre et de l'histoire et de la géographie ? On a, il est vrai, besoin de savoir que Paris est en France ; mais on ne demande pas à quel degré de latitude. De l'histoire, apprendre la vie de Chinaldon, de Nabopolassar, de Darius, de Cyrus, et d'Alexandre et de leurs autres compères remarquables par leurs noms diaboliques, est un supplice. Que m'importe à moi qu'Alexandre ait été célèbre ? Que m'importe… Que sait-on si les latins ont existé ? C'est peut-être, leur latin, quelque langue forgée ; et quand même ils auraient existé, qu'ils me laissent rentier et conservent leur langue pour eux ! Quel mal leur ai-je fait pour qu'ils me flanquent au supplice ?

« Passons au grec. Cette sale langue n'est parlée par personne, personne au monde !… Ah ! saperlipote de saperlipopette ! sapristi ! moi je serai rentier ; il ne fait pas si bon de s'user les culottes sur les bancs, saperlipopettouille !

« Pour être décrotteur, gagner la place de décrotteur, il faut passer un examen ; car les places qui vous sont accordées sont d'être ou décrotteur, ou porcher, ou bouvier. Dieu merci, je n'en veux pas, moi, saperlipouille ! Avec ça des soufflets vous sont accordés pour récompense ; on vous appelle animal, ce qui n'est pas vrai, bout d'homme, etc...

« Ah saperpouillote !... »

(La suite prochainement.)

Arthur.

Chose élrange : ce gamin de huit ans, qui va devenir un humaniste brillant, un historien curieux et un homme d'activité fiévreuse et désintéressée, invective là ce pour quoi il se passionnera, en même temps qu'il déverse son mépris sur les professions ouvertes par les examens universitaires. Faut-il voir dans ce puéril mouvement d'âme un dégoût prématuré pour l'étude ? Assurément non. Nous pensons qu'il faut en déduire plutôt, déjà, un esprit de révolte et, spécialement, l'aversion pour les examens, aversion qui grandira toujours et qui semblerait un composé de farouche timidité, de pudeur intellectuelle et d'une crainte aussi que les réponses aux examinateurs ne correspondissent point au préjugé requis par les questions.

Parmi les lectures occupant les loisirs d'Arthur à cette époque, nous citerons d'abord la « Bible à la tranche vert chou » dont il est parlé dans *les Poètes de Sept ans*. C'est un exemplaire relié de la traduction en français sur la Vulgate, par Le Maistre de Sacy, de l'Ancien et du Nouveau Testament, édition L. Hachette, Paris, 1841. Nous avons en mains ce volume. On sent qu'il a été lu et relu ; au cours des pages, on voit, écrits au crayon, de la main du futur illuminé, des repères et des notes en latin et en grec juvéniles. Les livres de cette bible qui, par l'usure des feuillets, semblent avoir été le plus compulsés sont, outre la Genèse : le Lévitique, le Cantique des Cantiques, Isaïe, Jérémie, Ézéchiel, les Évangiles et l'Apocalypse de saint Jean.

Les autres lectures auxquelles l'élève de l'institution Rossat paraît s'être attaché sont, parmi les prix remportés l'*Histoire descriptive et pittoresque de Saint-Domingue*, par M. de Marlès ; les *Beautés du Spectacle de la Nature*, par l'abbé Pluche ; le *Robertson de la Jeunesse*, sans nom d'auteur ; les *Robinsons français ou la Nouvelle-Calédonie*, par J. Morlent ; tous ouvrages édités par la maison Mame. Ajoutons-y un in-18 de 500 pages, roman de Fenimore Cooper ou de Gustave Aimard, illustré par Gustave Doré et ayant pour titre : *l'Habitation du Désert*, volume que nous avons retrouvé sans couverture, disloqué, usé, patiné par une lecture très instante, très fréquente ; et nous aurons, avec les réglementaires livres de classe, la somme à peu près de la substance livresque dont se nourrissait la jeune intelligence d'Arthur Rimbaud, entre sa septième et sa dixième année.

Avons-nous dit que la famille était abonnée à *l'Univers illustré*.

Physiquement, Arthur était alors un garçonnet plutôt frêle, au visage ovale, pâle avec des roseurs. Le front « plein d'éminences » se développait haut et large. Ses yeux, les yeux « si extraordinairement beaux à l'iris bleu entouré d'un anneau plus foncé couleur de pervenche » que nous a décrits M. Ernest Delahaye et qui seront les yeux « de nuit d'été », les yeux « d'acier piqué d'étoiles d'or », semblaient déjà continuellement regarder dans son propre cerveau. L'impression générale qu'il donnait était celle d'un enfant bien sage, tout timide, rougissant pour un rien et retenant cependant l'attention par ce qu'il émanait de précoce intelligence et de tendre mysticisme.

IV

C'est, exactement, aussitôt après les vacances de Pâques 1865 qu'il fut, avec son frère, mis en septième au collège de Charleville ; en octobre, il passait en sixième. Dans le courant de l'année suivante, année de sa très pieuse, très fervente première communion, il cause à ses professeurs, disent MM. Jean Bourguignon et Charles Houin[8], « un premier étonnement par la rédaction spontanée d'un résumé d'histoire ancienne qui révélait une netteté et une maturité d'esprit surprenantes ». Aussi, est-il dispensé des cours de cinquième ; et, dès le début de l'année scolaire 1866-67, il entre en quatrième.

La famille, à cause de modifications apportées par le propriétaire à l'immeuble du cours d'Orléans, venait d'émigrer rue Forest (aujourd'hui avenue de la Gare).

En ces années de la fin du second Empire, le collège de Charleville, situé place du Saint-Sépulcre, à l'emplacement du Musée actuel, ouvrait ses cours à des séminaristes voisins, qui, plus nombreux, plus âgés et plus disciplinés, gagnaient presque toujours sur les collégiens les premières places. « Le séminaire consentait à envoyer au collège un certain nombre d'externes, mais en revanche il s'était réservé le droit de fournir tel et tel professeur, notamment ceux d'histoire et de philosophie : ça faisait — dit M. Izambard dans son langage « humoristique » — une cote assez mal taillée, le nombre des maîtres laïques l'emportant, ce qui les rendait suspects et créait ainsi l'antagonisme. Les séminaristes, d'excellents garçons, pris isolément, devenaient farouches en corps, se croyaient investis d'une mission sacrée de surveillance et d'épluchage à l'endroit des professeurs pris dans le profane. »

Arthur Rimbaud, sitôt qu'il avait paru en classe, laissait en arrière tous ses camarades, y compris les séminaristes, d'ailleurs moins dévots que lui et parmi lesquels se distinguait, comme le plus redoutable des concurrents, Jules Mary, le feuilletoniste de nos actuels jours républicains. Rendons cette justice à M. Mary, qu'il garda toujours pour le souvenir de son vainqueur une très digne sympathie[9].

De ce qu'un jour, au cours de mathématiques professé par M. Barbaisse, Arthur lança un livre à la tête d'un condisciple venant de le dénoncer comme l'auteur d'une tricherie généreuse, quelqu'un a osé conclure qu'il était sournois et cruel. Rien n'est plus faux d'appréciation. D'abord, le dénonciateur était un grand et solide gaillard, d'un âge supérieur et vingt fois capable de mater notre irritable gamin, tout grêle et frêle alors. Puis, en bon sens et de bonne foi, peut-on voir dans ce geste lanceur de bouquin autre chose qu'une spontanée protestation de noblesse en face d'une vile délation, une révolte directement châtiant une basse et moucharde soumission ?

Sous son aspect taciturne et timide, c'est qu'il était, au contraire, d'une loyauté rare et d'une charité extrême envers ses camarades à l'esprit lourd. En classe de sciences, auxquelles il répugnait, on l'observa rythmant pour ses concurrents des vers latins sur le sujet de composition devant être par lui-même traité. Il Pendant que l'un de nous — écrit à MM. Bourguignon et Houin, M. Delahaut, devenu professeur au lycée de Laon — démontrait au tableau quelque théorème de géométrie, il vous bâclait en un rien de temps un certain nombre de pièces de vers latins. Chacun avait la sienne. Le titre était bien le même, mais la facture des vers, les idées, le développement étaient assez différents pour que le professeur ne pût y reconnaître la main du même ouvrier. C'était un véritable tour de force, vu le peu de temps qu'il y consacrait. Le fait se reproduisit assez souvent, je puis vous le garantir[10] ». Aussi, combien de ces jeunes gens furent-ils redevables à Arthur de récompenses reçues de leurs parents ou de leurs maîtres Il semble que le spectacle de leur joie lui échut souvent en compensation des sévérités de sa propre famille.

Ses professeurs de lettres, à l'encontre de ceux de sciences, lui portaient beaucoup d'intérêt quoiqu'il eût, une fois, Virgile l'occupant, varié un *debellare superbos* de fin de vers en *degueulare superbos*, cela pour la plus grande joie de la classe et impunément, car le professeur était sourd. Il faisait leur orgueil, à ces pédagogues ! « Rien de banal ne germe en cette tête — disait M. Desdouets, le principal du collège — ce sera le génie du mal ou du bien. » Quand on aura pénétré plus avant dans le présent ouvrage, on verra que cette prédiction aux termes prudhommesques s'accomplit, mais modifiée de distinction courante en rare et superbe synthèse, etque Rimbaud ne devait être spécialement ni le génie du mal, ni le génie du bien, mais le Génie tout un, c'est-à-dire un esprit créant sur un plan moral différent et au-dessus du nôtre.

Et le souvenir demeure, et demeurera longtemps dans les Ardennes, de l'extraordinaire facilité d'assimilation de cet écolier et des triomphes qu'il remporta et fit remporter à son collège, durant ses dernières années scolaires. Rapportons, d'après M. l'abbé Morigny, directeur du collège Notre-Dame à Rethel[11], la façon dont, en 1869, Arthur obtint le premier prix de vers latins au concours académique :

Ce jour-là, dès cinq heures et demie du matin, les concurrents se trouvaient réunis dans une des salles de classe. Ils attendaient, non sans anxiété, que sonnât l'ouverture du concours. Le professeur de physique, peu latiniste, était chargé de la surveillance. Dans des conciliabules à mi-voix, impatiemment on cherchait à deviner le sujet. L'un des potaches opina que ce sujet allait être : *l'Exposition universelle*. Les jeunes imaginations gardaient une impression non refroidie de la grande foire de 1867-68. « L'exposition ! — s'écria Rimbaud, sortant de sa taciturnité et se levant comme en colère — Ah ! par exemple, elle serait vraiment trop mauvaise, cette blague-là !»

Six heures sonnaient. Le principal, M. Desdouets, entra dans la classe il portait à la main le pli officiel, dont il ne devait rompre le sceau qu'en présence des concurrents. Il monta en chaire, ouvrit le pli et, soudain, parut s'assombrir. À ce moment, dit M. Morigny, on aurait entendu voler une mouche. « Messieurs, — se résigna à émettre le principal — voici le sujet ; je dicte… *Abd-el-Kader !…* » Et, tandis que, soucieux, il repliait le papier et descendait de chaire, un des élèves remarqua : « Mais ce n'est que le titre, cela. Et le canevas ? »

— Messieurs, il n'y a pas de canevas.

— Nous sommes trahis ! exclama Rimbaud ; et il retomba aussitôt dans un mutisme absolu. Désespérés, les camarades récriminèrent alors amèrement. C'est en vain que le surveillant les exhortait, leur remontrant que si le sujet était difficile pour eux, il l'était également pour les élèves des établissements rivaux. Ni leur amour-propre piqué, ni leurs efforts pour traiter le sujet n'arrivaient à un résultat.

Rimbaud, toujours immobile et muet, paraissait dormir. Tous les regards obliquaient vers lui, soupçonné seul capable de sauver, dans la circonstance, l'honneur du collège de Charleville.

À neuf heures, M. Desdouets revint en classe. Il voit les concurrents se mordre les ongles et stérilement s'évertuer. Son regard se pose sur Arthur Rimbaud. Celui-ci, toujours inerte, semble, décrit l'abbé Morigny, réduit à l'état de fakir. « Quoi, Arthur ! — insinue le principal — est-ce que la muse… » Il n'a pas achevé sa phrase, que l'enfant, secouant sa torpeur, se redresse et profère pour toute réponse : « J'ai faim ! » L'ironie n'était pas mal. Pourtant M. Desdouets ne la saisit point il murmure : « Le pauvre enfant ! Je parie qu'il est à jeûn !… Allez donc — enjoint-il à l'un des jeunes gens prévenir le concierge qu'il ait à apporter immédiatement à déjeûner. »

Bientôt le vieux serviteur arrivait portant un panier, dont il tira des provisions. Rimbaud, froidement, y fit aussitôt un large honneur. Tout en mangeant, il ne laissaitpas d'être narquois. La dernière bouchée avalée, après un bref simulacre de recueillement, il prend sa plume, s'incline sur son papier et, dédaignant de consulter son Gradus, il aligne des vers latins… À midi, il avait remis sa composition au surveillant. Celui-ci fit observer qu'il était impossible que ce travail fût achevé ; Rimbaud soutint qu'il avait fini, et bien fini.

Lorsque le principal, à cinq heures, vint pour recueillir les compositions, le professeur de physique, en remettant celle d'Arthur, eut une réflexion de désespoir. Mais M. Desdouets, qui n'ignorait pas son élève, semble se rassurer, au contraire. Il prend son binocle et examine les quatre-vingts vers de la composition. Un sourire de satisfaction éclaire bientôt sa figure. Il n'a pas terminé son examen que, radieux, il s'écrie « Nous aurons le prix ! Nous l'aurons, j'en suis certain ! » Et il se met à lire à haute voix, triomphalement, le travail du jeune poète. Ici, nous laisserons place au texte même de M. l'abbé Morigny :

« Rimbaud faisait en vers bien frappés et bien sonores le portrait de l'Émir. Il débutait par un beau distique qui reparaissait après chaque strophe de douze vers et servait de refrain. Je m'en souviendrai toute ma vie, de ce distique, et je ne résiste pas au plaisir de le transcrire ici :

> Nascitur Arabis ingens in collibus infans
> Et dixit levis aura Nepos est ille Jugurthæ.

« Et l'on revivait avec le poète cette époque où le fameux Numide tenait en échec les armes et la politique romaines ; on le voyait aux prises avec Marius, vaincu ensuite par ce grand capitaine et enfin indignement trahi, livré par Bocchus. On assistait à ses derniers moments dans le Tullianum et l'on maudissait avec lui la fortune de Rome. Mais le sujet grandissait avec l'évocation de cette autre figure non moins remarquable, celle d'Abd-el-Kader. Combien son sort était différent ! L'émir luttait lui aussi pour l'indépendance de son pays et il luttait jusqu'au moment où, acculé avec sa smala, il pouvait encore effrayer son vainqueur. Il se rendait pourtant à un Français sans peur comme sans reproche, mais il éprouvait bientôt que l'on ne voulait point être en retour de générosités avec lui.

« Et ce parallèle entre Rome et Lutèce était toujours admirablement interrompu par ce refrain

> Nascitur Arabis ingens in collibus infans
> Et dixit levis aura : Nepos est ille Jugurthæ.

« Notre collège, cela va sans dire, eut le premier prix de vers latins au concours académique. »

Les Étrennes des Orphelins, premiers vers français connus d'Arthur Rimbaud, sont précisément de l'époque de ce concours. Il les composa vers la fin de l'année 1869 et ils furent publiés dans *la Revue pour tous* du 2 janvier 1870. L'âme qu'ils reflètent est d'une tendresse exquise parmi des sensations délicates et candides. Ils sont évidemment le fruit direct d'une éducation bien chrétienne dans une atmosphère familiale de soins attentifs. Aussi, jusque-là, doit-on voir en Rimbaud, non un gamin fantastique et un écolier buissonnier, comme l'a décrit Verlaine dans *les Hommes d'Aujourd'hui*, mais un jeune garçon studieux et sage, un fort en thème à peine espiègle, faisant sous tous rapports, moral, intellectuel et physique, la joie et l'orgueil de sa mère et de ses maîtres, l'honneur du collège de Charleville.

V

Dans le courant de l'année scolaire 1869-70, un nouveau professeur, originaire de Douai, vint occuper la chaire de rhétorique. C'était un jeune homme de vingt ans, assez fat, d'une culture toute fraîche, qui lisait les journaux d'opposition à l'Empire et qui, féru de romantisme, se complaisait dans des idées politiquement subversives. Il s'appelait Georges Izambard et avait, comme Arthur Rimbaud, perdu la tutelle d'un père.

Les eaux buandes du jacobinisme égalitaire, remontées à la surface du sol napoléonien et canalisées par toute la France au moyen du *Rappel* des Hugo, de *la Lanterne* de Rochefort et de *la Marseillaise* du même Rochefort et de Millière, s'essoraient dans l'atmosphère nationale. Les élections de 1869, amenant Gambetta sur la scène du Corps législatif, le meurtre de Victor Noir, l'arrestation de Rochefort et d'autres événements de moindre retentissement offraient prétexte à sonner et à battre, de plus en plus fort, l'assaut au gouvernement de Napoléon III. La jeunesse universitaire s'émouvait. On rêvait la chute du « tyran », le retour des « géants de 93 » et des « héros de 48 », le coup de force populaire qui rétablirait la République. Et si, en province, les

« nouvelles couches » ne conspiraient pas vraiment, elles prenaient à tout le moins des attitudes de conspirateurs.

M. Izambard, bien que façonné par l'Université impériale, n'avait pas laissé de s'éprendre fortement des nouvelles propagations idéales. Sa jeunesse, à Charleville, épousa avec ardeur les doctrines républicaines. Cautionnait-il ainsi l'avenir ? Nous ne nous permettrons point de l'affirmer, ni même de le croire. En tout cas, si, dans le présent, à cause de la surveillance dont il se sentait l'objet de la part des séminaristes suivant son cours, il ne fit point, en classe, étalage de ses sentiments politiques, du moins au particulier, et dès qu'une sympathie littéraire l'eut rendu en quelque sorte l'ami d'Arthur Rimbaud, les versa-t-il sans mesure dans la généreuse conscience de l'enfant, qui s'en enivrait. « La République — dira l'ami Forain — était si belle sous l'Empire ! »

Durant la plus grande partie de cette année scolaire, M. Izambard et Rimbaud, pour ainsi dire, ne se quittèrent pas. Leurs rapports, a confié le professeur de rhétorique, étaient surtout de camarade à camarade ; et il faut bien en inférer, devant les faits, que si le jeune pédagogue n'abolit pas de ses propres mains l'Empire, il attisa par des prêts de livres et de journaux, par des entretiens, la révolution dans l'âme illucescente de son élève. S'émerveillant à juste titre de la précocité d'esprit et de la fièvre de nouveautés d'Arthur, il le stimula, n'y voyant certes aucun mal, dans une voie contradictoire de celle où Madame Rimbaud et les programmes scolaires avaient engagé son éducation et il en résulta que notre rhétoricien, tout en traduisant pour son plaisir Juvénal, Tibulle, Martial, Properce et Pétrone, voulut connaître Villon, Rabelais, la Pléiade et les Romantiques et les Parnassiens, et qu'il connut bientôt aussi les philosophes du dix-huitième siècle, les historiens républicains de la Révolution française et les socialistes, de Saint-Simon à Proudhon.

Depuis la Saint-Jean de l'année précédente, la famille Rimbaud avait quitté le logement incommode de la rue Forest. Elle habitait à présent, quai de la Madeleine, non loin du collège, un appartement dont les fenêtres s'ouvraient sur la Meuse, face au joli rocher du Mont-Olympe, au pied duquel se voyait, sur l'autre rive du fleuve, un chantier de construction de bateaux.

On avait devant soi de la lumière, de l'eau, de la montagne et de la forêt.

Nous regrettons pour M. Izambard (il n'avait, devenu journaliste, qu'à ne point faire aussi légèrement des gorges-chaudes sur le dos de son ancien élève) d'être obligé de constater que sa présence dans les Ardennes coïncide avec le changement d'allures de « l'enfant modèle ». Les faits sont là, rapportés en partie par l'ex-professeur lui-même, qui montrent Arthur Rimbaud devenant, dès le commencement de 1870, un écolier bizarre et révolté. Il se livre à des écoles buissonnières ; et, les jours de congé, quand son « ami » est absent de Charleville, tandis que Madame Rimbaud le croit à la bibliothèque municipale, il commence à arpenter dans tous les sens et par tous les temps les sites sauvages et pittoresques de la vallée de la Meuse. Déjà transparait dans ses propos que les notions convenues du bien et du mal sont repoussées par son esprit romantisé déjà sa raison se refuse aux impositions, n'acceptant que ce qu'elle croit venir d'elle-même. Il se prend à délester la soutane il délaisse le cours d'histoire professé par l'abbé Wilhem, auquel, malignement, il se contente de poser des questions touchant les guerres de Religion, la Saint-Barthélemy et les Dragonnades.

Il n'en obtiendra pas moins, comme par le passé, des triomphes scolaires. Cette année encore, il remporte au concours académique un premier prix de vers latins et un second de discours. Ajouterons nous que, dans le temps donné pour ces compositions, il trouva moyen de traiter, par surcroit, chaque sujet en prose et en vers français.

De toute sa force, il aspire à devenir un poète. Le devoir suivant, en vieux français, fait au cours de l'année, atteste que s'il choisissait cette carrière, il n'en ignorait aucunement les périls matériels

CHARLES D'ORLÉANS À LOUIS XI

Sire, le temps a laissé son manteau de pluie ; les fourriers d'été sont venus donnons l'huis au visage à Mérencolie ! Vivent les lais et ballades, moralités et joyeusetés Que les clercs de la Basoche nous montrent les folles soties ; allons ouïr la moralité du Bien-Avisé et du Mal-Avisé, et la conversion du clerc Théophilus, et comme allèrent à Rome Saint-Pierre et Saint-Paul et comment y furent martyrés ! Vivent les dames à rebrassés collets, portant atours et broderies N'est-ce pas, Sire, qu'il fait bon dire sous les arbres, quand les cieux sont vêtus de bleu, quand le soleil clair luit, les doux rondeaux, les ballades haut et clair chantées ? J'ai un arbre de la plante d'amour, où une fois me dites oui, ma dame ou riche amoureux a toujours l'avantage... Mais me voilà bien esbaudi, Sire, et vous allez l'être comme moi maître François Villon, le bon folâtre, le gentil raillard qui rima tout cela, engrillonné, nourri d'une miche et d'eau, pleure et se lamente maintenant au fond du Châtelet. Pendu serez lui a-t-on dit devant notaire, et le pauvre follet tout transi a fait son épitaphe pour lui et ses compagnons, et les gracieux gallants dont vous aimez tant les rimes s'attendent danser à Montfaucon, plus becquetés d'oiseaux que dés à coudre, dans la bruine et le soleil !

Oh ! Sire, ce n'est par folle plaisance qu'est là Villon. Pauvres housseurs ont assez de peine. Clergeons attendant leur nomination de l'université, musards, montreurs de singes, joueurs de rebec qui payent leur écot en chansons, chevaucheurs d'écuries, sires de deux écus, reîtres cachant leur nez en pots d'étain mieux qu'en casques de guerre[12], tous ces pauvres enfants secs et noirs comme écouvillons, qui ne voient de pain qu'aux fenêtres, que l'hiver emmitoufle d'onglée, ont choisi maître François pour mère nourricière. Or, nécessité fait gens méprendre et faim saillir le loup du bois peut-être l'écolier, un jour de famine, a-t -il pris des tripes au baquet des bouchers pour les fricasser à l'abreuvoir Popin ou à la taverne du Pestel ? Peut-être a-t-il pippé une douzaine de pains au boulanger, ou changé à la Pomme-de-Pin un broc d'eau claire pour un broc de vin de Bagneux ? Peut-être, un soir de grand galle, au Plat-d'Étain, a-t-il rossé le guet à son arrivée ou les a-t-on surpris, autour de Montfaucon, dans un souper, conquis par noise, avec une dizaine de ribaudes ? — Ce sont méfaits de maître François. Puis, parce qu'il nous montre un gras chanoine mignonnant avec sa dame eu chambre bien nattée, parce qu'il dit que le chapelain n'a cure de confesser, sinon chambrières et dames, et qu'il conseille aux dévotes, par bonne mocque, parler de contemplation sous les courtines, l'écolier fol, si bien riant, si bien chantant, gent comme émerillon, tremble sous les griffes des grands juges, ces terribles oiseaux noirs que suivent corbeaux et pies ! Lui et ses compagnons, pauvres piteux, accrocheront un nouveau chapelet de pendus aux bras de la forêt ; le vent leur fera chandeaux dans le doux feuillage sonore. Et vous, Sire, comme tous ceux qui aiment le poète, ne pourrez rire qu'en pleurs en lisant ses joyeuses ballades et songerez qu'on a laissé mourir le gentil clerc qui chantait si follement, et ne pourrez chasser Mérencolie !

Pippeur, larron, maître François est pourtant le meilleur fils du monde. Il rit des grasses soupes jacobines, mais il honore ce qu'a honoré l'église de Dieu et Madame la Vierge et la Très Sainte Trinité ! Il honore la Cour du Parlement, mère des bons et sœur des benoîts anges ! Aux médisants du royaume de France, il veut presque autant de mal qu'aux taverniers qui brouillent le vin ! Et dea ! Il sait bien qu'il a trop gallé au temps de sa jeunesse folle. L'hiver, les soirs de famine, auprès de la fontaine Maubuayou dans quelque piscine ruinée, assis à croppetons devant un petit feu de chenevottes, qui flambe par instants pour rougir sa face maigre, il songe qu'il aurait maison et couche molle, s'il eût étudié… Souvent, noir et flou comme chevaucheur d'escovettes, il regarde dans les logis par des mortaises : « Ô ces morceaux savoureux et friands, ces tartes, ces flans, ces grasses gelines dorées ! Je suis plus affamé que Tantalus ! Du rôt ! du rôt ! Oh ! cela sent plus doux qu'ambre et civette !… Du vin de Beaune dans de grandes aiguières d'argent ! Haro, la gorge m'ard !… Ô, si en jeunesse eusse estudié !… Et mes chausses qui tirent la langue, et ma hucque qui ouvre toutes ses fenêtres, et mon feutre en dents de scie !… Si je rencontrais un pitoyable Alexander pour que je puisse, bien recueilli, bien débouté, chanter à mon aise comme Orpheus, le doux ménétrier ! Si je pouvais vivre en honneur une fois avant que de mourir !… » Mais voilà, souper de rondels, d'effets de lune sur les vieux toits, d'effets de lanternes sur le sol, c'est très maigre, très maigre ; puis passent, en justes cottes. les mignottes villotièrcs qui font chosettes mignardes pour attirer les passants ; puis le regret des tavernes flamboyantes, pleines du cri des buveurs heurtant les pots d'étain et souvent les flamberges, du ricanement des ribaudes et du chant âpre des rebecs mendiants ; le regret des vieilles ruelles noires où saillent follement, pour s'embrasser, des étages de maisons et des poutres énormes, où, dans la nuit épaisse, passent, avec des sons de rapières traînées, des rires et des braieries abominables… Et l'oiseau rentre au vieux nid : tout aux tavernes et aux filles !…

Oh ! Sire, ne pouvoir mettre plumail au vent par ce temps de joie ! La corde est bien triste en mai, quand tout chante, quand tout rit, quand le soleil rayonne sur les murs les plus lépreux !

Pendus seront, pour une franche repue ! Villon est aux mains de la Cour du Parlement : le corbel n'écoutera pas le petit oiseau ! Sire, ce serait vraiment méfait de pendre ces gentils clercs. Ces poètes-là, voyez-vous, ne sont pas d'ici-bas ; laissez-les vivre leur vie étrange, laissez-les avoir froid et faim, laissez-les courir, aimer et chanter. Ils sont aussi riches que Jacques Cœur, tous ces fols enfants, car ils ont des rimes plein l'âme, des rimes qui rient et qui pleurent, qui nous font rire et pleurer. Laissez-les vivre ! Dieu bénit tous les miséricordieux, et le monde bénit les poètes[13]

« Le monde bénit les poètes ! » Ô naïve grande âme ! Douce et héroïque illusion d'enfant ! Futur poète maudit !… Aussi bien, dans le même temps qu'il composait cette érudite chose, Arthur Rimbaud, sur les bancs du collège, rimait, rimait ; et c'est, parmi les poésies conservées : *le Forgeron, Ophélie, Bal des pendus, Ce qui retient Nina, Vénus Anadyomène,* où l'influence romantique et la parnassienne, tour à tour, se dénoncent ; *le Châtiment de Tartufe, Rages de Césars,* où se décèlent les tendances républicaines ; *le Mal,* qui prouve la lecture de Proudhon. ; et c'est, avant tout, ces deux quatrains prometteurs des *Chercheuses de Poux,* qui attestent chez le poète un goût, déjà, des promenades infinies à travers la campagne :

SENSATION

Par les soirs bleus d'été j'irai dans les sentiers,
Picoté par les blés, fouler l'herbe menue
Rêveur, j'en sentirai la fraîcheur à mes pieds
Je laisserai le vent baigner ma tête nue.

Je ne parlerai pas ; je ne penserai rien.
Mais l'amour infini me montera dans l'âme.
Et j'irai loin, bien loin, comme un bohémien,
Par la Nature, — heureux comme avec une femme.

Cependant Madame Rimbaud, dans le souci qu'elle avait de maintenir l'éducation de ses fils dans les principes rigoureux de morale bourgeoise et de religion catholique où elle vivait, ne s'apercevait pas sans chagrin et sans colère qu'Arthur se plongeait dans des lectures telles que la *Confession d'un Enfant du Siècle*. Elle fit, un jour, sévir le principal du collège contre le camarade prêteur du volume d'Alfred de Musset. Mais, à l'endroit de M. Izambard, elle était sans défiance. Elle n'aurait osé supposer qu'en sa qualité de professeur, d'éducateur diplômé, il pût détourner un jeune homme de ce qu'elle appelait les bons principes. Son opinion était, du reste, si fermement établie sur ce point, qu'elle laissait l'élève fréquenter à volonté avec le maître. Le professeur de rhétorique venait quelquefois à la maison ; et cette mère, dont le foyer était si jalousement tenu fermé aux importuns, le recevait volontiers, s'imaginant sans doute que les attentions du pédagogue ramèneraient son enfant dans le chemin de vertu bourgeoise dont elle le voyait s'éloigner chaque jour davantage. Elle devait être, sous peu, convaincue de son erreur. Alors, elle reprochera amèrement au licencié républicain les incartades d'Arthur[14].

Si les allures intellectuelles du jeune rhétoricien s'indisciplinent, sa tenue extérieure devient aussi moins correcte. Par les rues de Charleville, il n'est plus autant qu'autrefois « convenable ». Il commence à prendre, vis-à-vis des notables carolopolitains, des airs narquois. À la maison, les « tics noirs » se sont multipliés. Des plaintes sur ses façons d'être arrivent du collège à sa mère, qui l'admoneste sévèrement, sans trop de rigueur toutefois, car ses études, visiblement, n'ont pas souffert ; et puis, réfléchit-elle, il faut attribuer ces inégalités d'humeur, ces bizarreries, à l'âge ingrat.

Avec sa franchise habituelle, excessive comme toute sa nature, Rimbaud nous a tracé son portrait de ville dans une pièce datant précisément de 1870, pièce dont il existe plusieurs variantes, mais qui n'est pas de ses meilleures, sans doute parce que son professeur de rhétorique crut devoir la lui faire modifier :

À LA MUSIQUE

Place de la Gare, Charleville.

Sur la place taillée en mesquines pelouses,
Square où tout est correct, les arbres et les fleurs,
Tous les bourgeois poussifs qu'étranglent les chaleurs
Portent, les jeudis soirs, leurs bêtises jalouses.

L'orchestre militaire, au milieu du jardin,
Balance ses shakos dans la valse des fifres :
Autour, aux premiers rangs, parade le gandin,
Le notaire pense à ses breloques à chiffres.

Des rentiers à lorgnons soulignent tous les couacs,
Les gros bureaux bouffis trainent leurs grosses dames,
Auprès desquelles vont, officieux cornacs,
Celles dont les volants ont des airs de réclames.

Sur les bancs verts, des clubs d'épiciers retraités,
Qui tisonnent le sable avec leur canne à pomme,
Fort sérieusement discutent les traités,
Puis prisent en argent et reprennent : « En somme… »

Étalant sur son banc les rondeurs de ses reins,
Un bourgeois à boutons clairs, bedaine flamande,
Savoure son onnaing d'où le tabac par brins
Déborde, — vous savez, c'est de la contrebande !

  Le long des gazons verts ricanent les voyous,
  Et, rendus amoureux par le chant des trombones,

Très naïfs et fumant des roses, les pioupious
Caressent les bébés pour enjôler les bonnes.

— Moi, je suis, débraillé comme un étudiant,
Sous les marronniers verts, les alertes fillettes.
Elles le savent bien et tournent en riant
Vers moi leurs yeux tout pleins de choses indiscrètes.

Je ne dis pas un mot ; je regarde toujours
La chair de leur cou blanc brodé de mèches folles ;
Je suis, sous leur corsage et les frêles atours,
Le dos divin après la courbe des épaules.

Je cherche la bottine et je vais jusqu'aux bas.
Je reconstruis le corps, brûlé de belles fièvres.
Elles me trouvent drôle et se parlent tout bas.
Et je sens des baisers qui me viennent aux lèvres[15].

Singulier retour des choses d'ici-bas : le monument élevé, en 1901, à la mémoire de Rimbaud se dresse, bronze et granit, sur cette place de la Gare où, plus que jamais, les habitants de Charleville vont, le jeudi, écouter la musique militaire ; et c'est la musique militaire qui, à l'inauguration du monument, exécuta l'adaptation de la symphonie d'Émile Ratez inspirée par le *Bateau ivre*.

Ensemble que la pensée du jouvenceau s'éprenait de révoltes, ses facultés d'aimer, comprimées par l'apparente misanthropie maternelle, couvaient donc des ardeurs. C'était de son âge. De vagues amours platoniques connurent la déception. Le « cœur merveilleux » s'en élargit davantage.

À l'approche des vacances, on vit Rimbaud marquer de plus en plus une grande générosité envers ses condisciples et une délicate et spéciale condescendance envers les cancres. Bien que, mieux que Madame Rimbaud, mieux que les professeurs, il eût conscience de sa supériorité intellectuelle, jamais on ne le voyait tirer orgueil de sa facilité ni de ses triomphes. Le vantait-on ? Il paraissait en souffrir. Peut-être dans cette attitude y avait-il encore une révolte contre sa mère, toute glorieuse, elle, de ses succès. Toujours est-il qu'il n'admettait plus qu'on le traitât en petit garçon. Ses impulsions généreuses se secondaient d'une volonté décidée et pressée d'agir.

Or, tout cela, et la dissipation, et les promenades, et le républicanisme, et le dédain des programmes d'enseignement, tout cela ne l'empêcha pas de remporter encore, cette année 1870, les premiers prix de sa classe Selon un témoin, il les reçut en bougonnant, comme honteux de ses lauriers.

VI

La guerre franco-allemande venait d'être déclarée. Elle emplissait cette région-frontière de l'Est d'un tumulte capiteux de troupes en marche et contremarche, en ordre ou en désordre. Les journaux d'opposition, en attaquant de plus en plus le régime impérial, chauffaient le patriotisme. De plus en plus, notre rhétoricien, tout en trouvant ridicules les gestes belliqueux des civils carolopolitains, s'émouvait de républicanisme.

Aussitôt la distribution des prix, M. Izambard avait regagné Douai, laissant ses livres à la libre disposition de son élève. Celui-ci, demeuré seul avec ses nouvelles idées et sa soif de lectures, eut tôt fait d'absorber tout le vin littéraire ou artistique, généreux ou non, de cette bibliothèque. Il continua épistolairement ses relations avec le professeur de rhétorique. La lettre qu'on va lire montrera, certes mieux que tout commentaire, la psychologie d'Arthur Rimbaud à ce moment :

Monsieur G. Izambard, 29, rue de l'Abbaye-des-Prés,
        Douai (Nord). Très pressé.

                  Charleville, 25 août 70.
    Monsieur,

Vous êtes heureux, vous, de ne plus habiter Charleville ! — Ma ville natale est supérieurement idiote entre les petites villes de province. Sur cela, voyez-vous, je n'ai plus d'illusions. Parce qu'elle est à côté de Mézières — une ville qu'on ne trouve pas parce qu'elle voit pérégriner dans ses rues deux ou trois cents de pioupious, cette benoîte population gesticule prudhommesquement spadassine, bien autrement que les assiégés de Metz et de Strasbourg ! C'est effrayant, les épiciers retraités qui revêtent l'uniforme ! C'est épatant, comme ça a du chien, les notaires, les vitriers, les percepteurs, les menuisiers et tous les ventres, qui, chassepot au cœur, font du patrouillotisme aux portes de Mézières ; ma patrie se lève !… Moi, j'aime mieux la voir assise ; ne remuez pas les bottes ! c'est mon principe.

Je suis dépaysé, malade, furieux, bête, renversé ; j'espérais des bains de soleil, des promenades infinies, du repos, des voyages, des aventures, des bohémienneries, enfin : j'espérais surtout des journaux, des livres… Rien ! Rien ! Le courrier n'envoie plus rien aux libraires ; Paris se moque de nous joliment : pas un seul livre nouveau ! c'est la mort ! Me voilà réduit, en fait de journaux, à l'honorable *Courrier des Ardennes*, propriétaire, gérant, directeur, rédacteur en chef et rédacteur unique, A. Pouillard ! Ce journal résume les aspirations, les vœux et les opinions de la population, ainsi, jugez ! c'est du propre !… On est exilé dans sa patrie !!!

Heureusement, j'ai votre chambre : — Vous vous rappelez la permission que vous m'avez donnée. — J'ai emporté la moitié de vos livres ! J'ai pris *le Diable à Paris*. Dites-moi un peu s'il y a jamais eu quelque chose de plus idiot que les dessins de Granville ? — J'ai *Costal l'indien*, j'ai *la Robe de Nessus*, deux romans intéressants. Puis, que vous dire ?… j'ai lu tous vos livres, tous ; il y a trois jours, je suis descendu aux *Épreuves*, puis aux *Glaneuses*, — oui, j'ai relu ce volume ! — puis ce fut tout !… Plus rien ; votre bibliothèque, ma dernière planche de salut, était épuisée !… Le *Don Quichotte* m'apparut ; hier j'ai passé, deux heures durant, la revue des bois de Doré : maintenant, je n'ai plus rien ! — Je vous envoie des vers ; lisez cela un matin, au soleil, comme je les ai faits vous n'êtes plus professeur, maintenant, j'espère !...

... [partie déchirée[16]]... vouloir connaître Louisa Siefert, quand je vous ai prêté ses derniers vers ; je viens de me procurer des parties de son premier volume de poésies, les *Rayons perdus*, 4ᵉ édition. J'ai là une pièce très émue et fort belle ; *Marguerite :*

> ....
> Moi j'étais à l'écart, tenant sur mes genoux
> Ma petite cousine aux grands yeux bleus si doux
> C'est une ravissante enfant que Marguerite
> Avec ses cheveux blonds, sa bouche si petite
> Et son teint transparent...
> ....
> Marguerite est trop jeune. Oh ! si c'était ma fille,
> Si j'avais une enfant, tête blonde et gentille,
> Fragile créature en qui je revivrais,
> Rose et candide avec de grands yeux indiscrets !
> Des larmes sourdent presque au bord de ma paupière
> Quand je pense à l'enfant qui me rendrait si fière,
> Et que je n'aurai pas, que je n'aurai jamais ;
> Car l'avenir, cruel en celui que j'aimais,
> De cette enfant aussi veut que je désespère.
> ....
> Jamais on ne dira de moi c'est une mère
> Et jamais un enfant ne me dira : maman !
> C'en est fini pour moi du céleste roman
> Que toute jeune fille à mon âge imagine.
> ....
> — Ma vie à dix-huit ans compte tout un passé.

— C'est, aussi beau que les plaintes d'Antigone ἀγκηφη dans Sophocle. — J'ai les *Fêtes galantes* de Paul Verlaine, un joli in-12 écu. C'est fort bizarre, très drôle ; mais, vraiment, c'est adorable. Parfois, de fortes licences ; ainsi :

> Et la tigresse épou — vantable d'Hyrcanie

est un vers de ce volume. — Achetez, je vous le conseille, *la Bonne Chanson,* un petit volume de vers du même poète ça vient de paraître chez Lemerre ; je ne l'ai pas lu ; rien n'arrive ici ; mais plusieurs journaux en disent beaucoup de bien.

Au revoir, envoyez-moi une lettre de 25 pages — poste restante — et bien vite.

A. R<small>IMBAUD</small>.

P.-S. — À bientôt, des révélations sur la vie que je vais mener après… les vacances[17].

Madame Rimbaud, pendant les vacances scolaires, avait l'habitude d'aller promener ses enfants dans la prairie séparant alors Mézières de Charleville, et où chacun, sous la surveillance maternelle, s'ébattait selon son goût. Les garçons, ordinairement, profitaient de la présence de barques amarrées au bord de la Meuse pour se livrer ensemble à une navigation n'allant pas plus loin que le bout de l'amarre. À moins que, en l'absence de son frère, Arthur ne préférât s'étendre sur le fond d'une de ces petites nefs ballotantes, pour y faire quelque lecture ou pour s'y plonger dans une longue rêverie.

Du quai de Madeleine, où l'on sait que la famille demeurait à présent, quand on avait franchi Charleville et atteint le viaduc séparant les deux cités, on accédait à la prairie par une ouverture ménagée à l'extrémité de la balustrade de ce viaduc, au point de sa jonction avec le pont-levis rabattu sur le fossé des fortifications de Mézières, et après avoir suivi, le long du fossé, un glacis herbeux planté de peupliers.

Arrivés dans la prairie, on jouissait, à gauche, de la vue des ouvrages assez formidables de Vauban. En face, c'était la rivière à droite, la prairie s'étendant vers Warcq. Derrière soi, on avait le viaduc construit sur un pré et, au loin, fermant l'horizon, trouée par le tunnel du chemin de fer, la colline du Bois-en-Val bordant la Meuse à sa sortie de Mézières.

L'après-midi du 29 août, la famille Rimbaud se trouvait dans cette prairie. Il faisait très chaud. Le ciel s'envahissait de nuages. On était, de surcroît, assez angoissé par les mauvaises nouvelles des opérations militaires. Arthur, en particulier, par des rougeurs et des pâleurs alternées, marquait sur son visage de l'inquiétude et de l'agitation. Tout à coup, il déclara vouloir retourner à la maison pour y prendre un livre.

Il partit. Mais il ne revint pas.

C'est en vain que sa mère, dont le souci se lassait d'attendre, retourna quai de la Madeleine pour l'y retrouver ;

en vain que, la clef étant restée sur la porte et faisant ainsi supposer son fils dans son voisinage, elle alla s'enquérir ; en vain qu'elle courut ensuite aux endroits qu'il avouait fréquenter. Personne ne put la renseigner. La nuit venue, Arthur n'était pas encore rentré. L'anxiété de madame Rimbaud devint de l'affolement. Entraînant ses fillettes avec elle, elle passa une grande partie de la nuit à parcourir les rues de Charleville et de Mézières dans un indescriptible état d'angoisse ; interrogeant les cabarets, questionnant les groupes de jeunes gens qui allaient avec enthousiasme s'enrôler comme volontaires, scrutant les salles de la gare et les bords de la Meuse. Et la nouvelle des victoires des Prussiens, de leur marche au-devant de l'armée française, de leur approche de Sedan, parcourait sinistrement les rues, au cours de cette nuit d'émoi Quand la mère si énergique, trop énergique peut-être, rentra chez elle avec ses petites filles tremblantes d'effroi, le fils n'était toujours pas à la maison.

Il avait vendu ses livres de prix et était parti en chemin de fer pour Paris.

Dans un poème, qu'il écrira en 1872 et dont l'inspiration est d'une tristesse prophétique en même temps que rétrospective, tristesse fille de celle du *Bateau ivre*, Arthur Rimbaud, avec des mots hallucinés et selon le procédé ultra-subjectif et symboliste de la plupart des *Illuminations*, a évoqué cet épisode de sa vie. Transcrivons ici, par anticipation, l'éblouissement de ces vers, en les faisant suivre d'une glose explicative soulignant le mouvement autobiographique et précisant peut-être, en même temps, le contour, l'arabesque, le « système »a de la pensée la plus irradiante qui se soit jamais exprimée en langue française :

MÉMOIRE

I

L'eau claire comme le sel des larmes d'enfance
L'assaut au soleil des blancheurs des corps de femmes ;
La soie, en foule et de lys pur, des oriflammes
Sous les murs dont quelque pucelle eut la défense ;

L'ébat des anges ; —non… le courant d'or en marche
Meut ses bras, noirs et lourds et frais surtout, d'herbe. Elle,
Sombre, avant le Ciel bleu pour ciel de lit, appelle
Pour rideaux l'ombre de la colline et de l'arche,

II

Eh ! l'humide carreau tend ses bouillons limpides ;
L'eau meuble d'or pâle et sans fond les couches prêtes ;
Les robes vertes et déteintes des fillettes
Font les saules, d'où sautent les oiseaux sans brides.

Plus pure qu'un louis, jaune et chaude paupière
Le souci d'eau — ta foi conjugale, ô l'Épouse ! —
Au midi prompt, de son terne miroir, jalouse
Au ciel gris de chaleur la Sphère rose et chère.

III

Madame se tient trop debout dans la prairie
Prochaine où neigent les fils du travail ; l'ombrelle
Aux doigts foulant l'ombelle trop fière pour elle
Des enfants lisant dans la verdure fleurie

Leur livre de maroquin rouge ! Hélas ! Lui, comme
Mille anges blancs qui se séparent sur la route,
S'éloigne par delà la montagne Elle, toute
Froide, et noire, court ! après le départ de l'homme !

IV

Regrets des bras épais et jeunes d'herbe pure !
Or des lunes d'avril au cœur du saint lit ! Joie
Des chantiers riverains à l'abandon, en proie
Au soirs d'août qui faisaient germer ces pourritures !

Qu'Elle pleure à présent sous les remparts l'haleine
Des peupliers d'en haut est pour la seule brise.
Puis, c'est la nappe, sans renets, sans source, grise :
Un vieux, dragueur, dans sa barque immobile, peine.

V

Jouet de cet œil d'eau morne, Je n'y puis prendre,
Ô canot immobile ! oh ! bras trop courts ni l'une
Ni l'autre fleur : ni la jaune qui m'importune,
Là ; ni la bleue, amis, à l'eau couleur de cendre.

Ah ! la poudre des saules qu'une aile secoue !
Les roses des roseaux dès longtemps dévorées !
Mon canot, toujours fixe et sa chaîne tirée
Au fond de cet œil d'eau sans bords, — à quelle boue ?

MÉMOIRE : *Vision réflexe* ou *Miroir de Souvenirs*.

(C'est, la Meuse, par un après-midi d'été, dans la prairie sous Mézières, ville jadis défendue par Bayard.)

1. — L'eau est claire, comme est transparent le chagrin des enfants. La lumière danse dans la chaleur, et ses ondes, souples comme des nudités féminines, remontent en l'atmosphère vers le soleil. Sur les murs du rempart, au pied duquel coule le fleuve, la reverbération fait s'agiter une multitude de blancheurs pareilles à des oriflammes de soie ; et le retlet dans l'eau de ces moires lumineuses donne l'impression d'un enlacement voluptueux de corps purs, ou plutôt d'un bonheur nageant dans le courant et dont l'agitation des bras mouillés serait nguée par le mouvement des touffes d'herbes aquatiques. Elle (la Meuse, l'humidité, principe femelle de génération), triste en soi, pudique et offensée par la joie du ciel, va, en attendant la nuit, vers l'ombre que, rideaux, projetteront tout à l'heure sur son émoi le pont (d'Arches) et la colline (du Bois-en-Val).

2. — Voici que les transparences humides invitent à s'aller fondre dans leurs vagues de clarté, à s'aller coucher dans les lits d'or pâle, infiniment profonds, dont se meuble le fleuve Et les fillettes en robes vert-passé (les deux petites sœurs du poète) viennent se planter, comme des saules, sur la berge et se mirer dans l'eau, en donnant essor à leur mélodieux babil ; cependant que, semblable à un œil grand ouvert, la fleur du nénuphar, d'un jaune d'or mat — couleur des soucis matrimoniaux — darde son regard et voudrait, dans le ciel

ivre de chaleur du violent midi, rivaliser de force fécondante avec le soleil (principe mâle de génération).

3. — Sur le pré où scintille l'argent des fils de la Vierge, la mère (Madame Rimbaud) se promène de sorte fière, ombrelle aux doigts, foulant l'ombelle et trop glorieuse de ses fils lisant, parmi la verdure en fleurs, leurs livres de prix. Elle sera punie de son orgueil : car soudain l'un d'eux, le poète, comme le soleil, s'enfuit au delà de la colline (du Bois-en-Val percé par le tunnel du chemin de fer) et provoque par son départ un déclin de bonheur comparable à l'évanouissement des puretés qui, tout à l'heure, s'ébattaient dans le paysage. Et la mère, comme la Meuse, a froid et se couvre d'ombre ; elle court après le poète, après le soleil. Il est parti.

4. — Elle peut, à présent, s'humilier sous les remparts Puisque son fils, l'homme, le soleil, a disparu, qu'il roule à sa perte, elle regrettera le temps où, jeune fille des champs, où, ruisseau sous l'herbe candide et drue, elle pouvait se réjouir limpidement dans son lit de pudeurs. Malédiction sur l'impure joie, d'ailleurs abandonnée, de procréer aux soirs chaleureux du mariage ! Elle pleure ; et, de même qu'au-dessus d'elle l'haleine des peupliers se perd dans le vent, de même sont vains ses regrets et sa malédiction. Elle s'en rend compte ; et sa douleur, devenue muette, est une nappe d'eau mate, morne, ensevelie, qu'un vieux dragueur (l'ordre éternel, Dieu) ne saurait, de sa barque immuable, parvenir à sonder et à ranimer.

5. — Le poète (il se compare maintenant au dragueur) est ému par cette immense peine. Il voudrait consoler ; mais il ne

s'en juge pas encore le pouvoir. Son canot, comme celui de l'autre, reste immobile. Il ne saurait cueillir, pour les adopter, ces soucis importuns d'épouse sans époux ; ni ces remords de maternité, dont la couleur est le bleu des choses consumées. Ses candides tendresses, un vent mauvais les a, hélas ! depuis longtemps détruites ; les fleurs ingénues de sa charité sont depuis longtemps fanées… Pourtant il reste encore là, retenu par la compassion et malgré que des forces irrésistibles l'attirent vers quelles misères, vers quels malheurs ! — misères et malheurs qui troubleront jusqu'au fond le chagrin maternel devenu sans bornes[18].

VII

Dans quel but le jeune rossignol à la voix de lumière quittait-il son Ardenne forestière pour aller vers ce miroir à alouettes : Paris ? Il a pris soin de nous le clamer.

Quelques jours auparavant, il avait lu, dans le journal bonapartiste *le Pays*, un article de Paul de Cassagnac où se trouvait formulé cet appel aux armes : « Français de soixante-dix, bonapartistes, républicains, souvenez-vous de vos pères de quatre-vingt-douze ! » Il avait, après cette lecture, improvisé ce sonnet :

> Morts de quatre-vingt-douze et de quatre-vingt-treize
> Qui, pâles du baiser fort de la liberté,
> Calmes, sous vos sabots brisiez le joug qui pèse
> Sur l'âme et sur le front de toute humanité ;

> Hommes extasiés et grands dans la tourmente,
> Vous dont les cœurs sautaient d'amour sous les haillons,
> Ô soldats que la Mort a semés, noble amante,
> Pour les régénérer dans tous les vieux sillons ;
>
> Vous dont le sang lavait toute grandeur salie,
> Morts de Valmy, morts de Fleurus, morts d'Italie,
> Ô million de Christs aux yeux sombres et doux,
>
> Nous vous laissions dormir avec la République,
> Nous, courbés sous les rois comme sous une trique
> — Messieurs de Cassagnac nous reparlent de vous !

Puis, dans son enthousiasme républicain, il avait résolu de se rendre dans la ville sainte des révolutions, pour aider à la proclamation de la République.

Son arrivée à Paris, dans la nuit du 29 au 30 août, a été diversement racontée. À Charleville, était-il monté dans le train sans avoir pris de billet Avait-il, craignant i'indiscrétion d'un témoin de son départ, ou tout bonnement le bavardage de l'employée au guichet, pris son billet seulement pour Mohon, la première station après Charleville ? Nous pensions, hier, qu'avec le produit de la vente de ses livres de prix, s'élevant à une vingtaine de francs, coût à peu près, dans ce temps-là, du voyage jusqu'à Paris, il avait bien payé le parcours entier, mais que son émoi lui avait fait perdre en route le ticket justificateur ; et la preuve nous en paraissait résider dans ceci, qu'il arriva sans le sou dans la capitale. Aujourd'hui, une publication d'autographes de Rimbaud, publication illicite mais heureuse pour l'établissement de la vérité, vient mettre les choses au point. Et il faut croire, d'après la lettre à M. Izambard qu'on lira plus loin[19], que le fugitif n'avait pas tiré de la vente de sa clinquante librairie la somme suffisante pour payer le trajet jusqu'à Paris, puisqu'il se trouva, en descendant du train, redevable de treize francs envers la compagnie du chemin de fer.

Aussitôt sur le quai de la gare du Nord, comme il n'avait pas de ticket valable à présenter, il fut mis par les employés entre les mains de la police. Sa fierté native, son exaltation républicaine du moment lui firent prendre de haut la chose. On le traitait de « gamin », de « morveux ». Il répondit par des injures et des menaces révolutionnaires à l'adresse des représentants de l'autorité impériale. Ceux-ci l'arrêtèrent. Et c'est au dépôt de la Préfecture de police, parmi les mendiants, les vagabonds, les souteneurs et les voleurs, qu'il alla rêver à la chute de l'Empire.

L'examen de mystérieux papiers saisis sur lui, et qui n'étaient autres que ses vers, l'avait, en l'intelligence policière, à cause surérogatoire des actuelles préoccupations politiques, rendu suspect d'espionnage, d'affiliation à quelque secrète société de conspirateurs. Il ne voulait pas, en outre, ce méchant gamin d'accent on dirait tudesque, fournir des renseignements sur son état-civil et ses parents ; il n'avait point d'argent sur lui. On l'expédia à Mazas sous l'inculpation d'outrage aux agents, de vagabondage, etc… Et voici qu'après la geôle familiale et l'universitaire c'était, pour le frénétique aspirant à la liberté, l'écrou national ! Il eut tôt à méditer étroitement sur la qualité des contrats sociaux, ce poète.

Après quelques jours d'emprisonnement, la République venant d'être proclamée, il consent à livrer à la justice son nom et l'adresse de sa famille. Mais l'invasion, après la bataille de Sedan, a, depuis qu'il est arrêté, intercepté les communications de Paris avec l'Est. Il donne la référence de M. Izambard, à Douai. On abandonne les inculpations d'outrage aux agents et les autres ; on lui demande simplement, afin de faire tomber celle retenue de vagabondage, qu'il se fasse réclamer et obtienne qu'on rembourse la compagnie du chemin de fer. La fierté du prisonnier baisse, et il écrit au professeur de rhétorique cette lettre :

Paris, le 5 septembre 1870.
Cher Monsieur,

Ce que vous me conseilliez de ne pas faire, je l'ai fait je suis allé à Paris, quittant la maison maternelle J'ai fait ce tour le 2() août. Arrêté en descendant de wagon pour n'avoir pas un sou et devoir treize francs de chemin de fer, je fus conduit à la préfecture, et, aujourd'hui, j'attends mon jugement à Mazas Oh ! *J'espère en vous* comme en ma mère ; vous m'avez toujours été comme un frère : je vous demande instamment cette aide que vous m'offrîtes. J'ai écrit à ma mère, au procureur impérial, au commissaire de police de Charleville ; si vous ne recevez de moi aucune nouvelle mercredi, avant le train qui conduit de Douai à Paris, *prenez ce train, venez ici me réclamer par lettre, ou en vous présentant au procureur, en priant, en répondant de moi, en payant ma dette ! Faites tout ce que vous pourrez*, et, quand vous recevrez cette lettre, écrivez, vous aussi, *je vous l'ordonne*, oui, *écrivez à ma pauvre mère* (quai de la Madeleine, 5, Charleville) *pour la consoler* ; *écrivez-moi aussi* : faites tout ! Je vous aime comme un frère, je vous aimerai comme un père[20]. Je vous serre la main. Votre pauvre

Arthur Rimbaud,
Mazas.

Et si vous parvenez à me libérer, vous m'emmènerez à Douai avec [vous][21].

De son côté, le directeur de Mazas écrivait à M. Izambard pour fournir un supplément d'indications et appuyer la demande. « Et — écrira plus tard, dans un journal, l'ex-professeur — c'est à moi qu'on l'expédia, me laissant l'ingrate mission de lui faire réintégrer le giron maternels. ».

« Ce qu'il y fut reçu dans le giron, l'enfant prodigue ! — poursuit le plaisantin. — Et moi donc ! Moi qui, terre-neuve naïf, avais fait tout exprès le voyage avec lui pour faciliter les expansions… Très au vinaigre, à son habitude, la maman Rimbaud flanqua comme de juste une pile monstre à son petit prodige de fils et m'admonesta pour mon compte en termes si âpres que j'en restai d'abord tout ébervigé et bientôt m'enfuis sous l'averse. »

C'est que cette mère, ô écrivain mal humoristique, avait réfléchi aux causes du changement de caractère de son fils. Elle voyait en vous, à présent, l'imprudent conseiller. Si son indignation de femme nerveuse, devant le bouleversement moral chez son enfant, vous admonesta en termes violents, avouez, maintenant que, père de famille, vous avez plus d'expérience et la conscience mieux assise, avouez la légitimité de sa colère envers vous ; avouez aussi votre tort, votre faute d'avoir, par ces propos journalistiques, nié le devoir, vous incombant strictement, de ramener cet enfant de quinze ans au giron maternel, dont votre inconsciente propagande avait évidemment aidé à le sortir. Il faut dire du vrai le vrai. Certes, Madame Rimbaud n'était pas de complexion à jouer les pères d'enfant prodigue. Cette fois, d'ailleurs, l'escapade de son fils n'avait aucun rapport avec les faits de la parabole évangélique. Peut-être, pendant l'absence d'Arthur, s'était-elle reproché de n'avoir pas été encore assez sévère envers lui. De plus, toute sa Serté, toute sa probité se dressaient contre des idées considérées par sa morale aristocratique comme malfaisantes. Sous son orgueilleuse volonté, il y avait, à la vérité, de profondes tendresses cordiales : son fils le sentait bien ; mais elle employait à les voiler une farouche pudeur. Et tenez, M. Izambard, en voulant vous élever contre ces explications, vous apportez la preuve de leur justesse par la publication de ce billet à vous adressé et dont toutes vos tournures, toutes vos appréciations injurieuses[22] ne sauraient, pour qui sait lire, abolir l'éloquence :

Charleville, 24 septembre 1870.
Monsieur,

Je suis très inquiète, et je ne comprends pas cette absence prolongée d'Arthur. Il a cependant dû comprendre, par ma lettre du 17, qu'il ne devait pas rester un jour de plus à Douai ; d'un autre côte, la police fai des démarches pour savoir où il est passé, et je crains bien qu'avant le reçu de cette présente ce petit drôle se fasse arrêter une seconde fois mais il n'aurait pas besoin de revenir, car je jure bien que de ma vie je ne le recevrais plus. Est-il possible de comprendre la sottise de cet enfant, lui si sage et si tranquille ordinairement ? Comment une telle folie a-t-elle pu venir à son esprit ? Quelqu'un l'y aurait-il soufflée ? Mais non, je ne dois pas le croire. On est injuste aussi, quand on est malheureux. Soyez donc assez bon pour lui avancer dix francs, et chassez-le, qu'il revienne vite Je sors du bureau de poste, où l'on m'a encore refusé un mandat, la ligne n'étant pas ouverte jusqu'à Douai. Que faire ? Je suis bien en peine. Que Dieu ne punisse pas la folie de ce malheureux, comme il le mérite.

J'ai l'honneur, monsieur, de vous présenter mes respects.

Ep. RIMBAUD.

Il résulta de cette première escapade ce qui devait en résulter, étant donné le caractère impératif de Madame Rimbaud. La discipline se resserra davantage à la maison. Tant et si bien que, une semaine à peine s'écoulant, Arthur, dont la conscience, en dépit de la leçon de Mazas, se sentait mûre pour l'indépendance, s'enfuyait de nouveau, sans un sou et à pied, cette fois.

Il avait eu comme condisciple, au collège de Charleville, le fils du directeur du *Journal de Charleroi*, M. des Essarts. L'espoir naïf de devenir rédacteur à cette feuille le conduit. Il descend la grandiose et farouche vallée de la Meuse, et il arrive à Fumay. Là, il voit un camarade, Billuart, à qui il fait part de son dessein et de son impécuniosité. Billuart, effaré, mais solidaire, le nantit de chocolat et d'une recommandation près d'un sergent de mobiles, en garnison à Givet.

Arrivé, sur le soir, dans cette ville-frontière, Rimbaud ne trouve pas à la caserne le militaire, de garde ce jour-là. Harassé par la longue étape, il se couche en sa place, dans le lit de troupe. Puis, le lendemain matin, avant la diane, sans rencontrer d'obstacle, il quitte la caserne, et, ventre vide, pédestrement toujours, il franchit la frontière et se dirige vers Charleroi. Trop impatient pour attendre la descente de garde, afin de parer à tout soupçon, il a laissé dans la chambre du sergent de mobiles la recommandation de l'ami Billuart.

Dès son arrivée à Charleroi, il va droit se présenter au directeur du journal. M. des Essarts, surpris, le reçoit vaguement et, de même, le congédie. « Le soir — écrira, le lendemain, l'éconduit à Billuart — j'ai soupé en humant l'odeur des soupiraux, d'où s'exhalaient les fumets des viandes et des volailles rôties des bonnes cuisines de Charleroi, puis en allant grignoter au clair de lune une tablette du chocolat fumacien[23]. » Il passa même la nuit à la belle étoile, pour, dès le matin, aller derechef se présenter chez le directeur du journal : car, encore que l'épithète de « jûne » homme avec laquelle on l'a une première fois accueilli le fasse sourciller, il n'a pas perdu tout espoir, et puis on lui doit une réponse ferme... Il l'obtint, en effet, cette réponse, à la fin. Elle fut négative. Y entendit-il et comprit-il que l'instruction et le bon style sont superfluités en journalisme, de même que les courageuses et libres idées ? Pas encore, peut-être.

Sans ressources aucunes et encore une fois déçu, le voici à l'abandon sur le pavé d'une ville étrangère. C'est la misère absolue. Il ne reculera pas. Mieux la faim avec la liberté, par les routes, que le nutritif esclavage natal ! Et il quitte Charleroi. Des jours, des jours, il chemine ensuite à travers le Hainaut. Son énergie, son endurance sont incroyables. Il va, il va, mangeant n'importe quoi, dormant n'importe où, douloureux, mais non triste. Et, quoiqu'il doive s'écrier plus tard :

> Ah, cette vie de mon enfance, la grande route par tous les temps, sobre surnaturellement, plus désintéressé que le meilleur des mendiants, fier de n'a voir ni pays ni amis, quelle sottise c'était !...[24]

aujourd'hui il se passionne à l'apprentissage de l'aventure ; il aime cette vie, et, dans quelques jours, il la chantera ainsi gaiement :

MA BOHÊME

Je m'en allais, les poings dans mes poches crevées !
Mon paletot aussi devenait idéal ;
J'allais sous le ciel, Muse, et j'étais ton féal.
Oh là là, que d'amours splendides j'ai rêvées !

Mon unique culotte avait un large trou.
Petit Poucet rêveur, j'égrenais dans ma course

> Des rimes. Mon auberge était à la Grande-Ourse.
> Mes étoiles au ciel avaient un doux frou-frou ;
>
> Et je les écoutais, assis au bord des routes,
> Ces bons soirs de septembre où je sentais des gouttes
> De rosée à mon front, comme un vin de vigueur,
>
> Où, rimant au milieu des ombres fantastiques,
> Comme des lyres, je tirais les élastiques
> De mes souliers blessés, un pied contre mon cœur !

Pourtant, il se replie vers Douai et va frapper à la porte de M. Izambard.

Le professeur ne se trouvait pas là. Il était parti en excursion dans l'Est français envahi. Rimbaud, exténué et famélique, accepte — on l'y invitait — d'attendre le retour de son « ami ». Et, pour tromper l'attente aussi bien que pour laisser un gage, il se met à rimer ses impressions de route : *Rêvé pour l'Hiver, Au Cabaret vert, la Maline, l'Éclatante victoire de Sarrebruck, le Dormeur du Val, le Buffet.*

Entre sa sortie de Mazas et sa fuite en Belgique, il avait composé, soit à Douai, soit à Charleville, *Roman* et ce joli chef-d'œuvre :

LES EFFARÉS

> Noirs dans la neige et dans la brume,
> Au grand soupirail qui s'allume,
>   Leurs culs en rond,
> À genoux, les petits — misère ! —
> Regardent le boulanger faire
>   Le lourd pain blond.

Ils voient le fort bras blanc qui tourne
La pâte grise et qui l'enfourne
           Dans un trou clair.
Ils écoutent le bon pain cuire.
Le boulanger au gros sourire
           Chante un vieil air.

Ils sont blottis, pas un ne bouge
Au souffle du soupirail rouge
           Chaud comme un sein.
Quand pour quelque médianoche,
Façonné comme une brioche,
           On sort le pain,

Quand sous les poutres enfumées
Chantent les croûtes parfumées
           Et les grillons,
Que ce trou chaud souffle la vie,
Ils ont leur âme si ravie
           Sous leurs haillons,

Ils se ressentent si bien vivre,
Les pauvres Jésus pleins de givre,
           Qu'ils sont là tous
Collant leurs petits museaux roses
Au treillage, grognant des choses
           Entre les trous,

Tout bêtes, faisant leurs prières
Et repliés vers ces lumières
           Du ciel rouvert,
Si fort qu'ils crèvent leur culotte
Et que leur chemise tremblotte
           Au vent d'hiver.

L'inspiration du poète s'humanise. Il va avoir seize ans. Ses sens s'éveillent ; et, comme ils sont riches de vibrations et très délicats, oubliant la ferveur de républicanisme qui l'a victimé, il les écoute avec joie. La nature, qu'il vient de parcourir en vagabond, l'a, par cet automne, grisé. Son âme, dans cette ivresse, lui paraît plus intéressante que les débats politiques. Il la raconte avec ingénuité, mais non sans orner cette ingénuité d'un ton goguenard et pince-sans-rire, non sans l'accentuer de cette amertume d'un déchirement si spécial qu'on trouvera désormais dans ses œuvres, témoin ce sonnet inédit communiqué par un averti bibliophile, M. Louis Barthou :

LES DOUANIERS

Ceux qui disent : Cré Nom, ceux qui disent macache,
Soldats, marins, débris d'Empire, retraités
Sont nuls, très nuls devant les soldats des traités
Qui tailladent l'azur frontière à grands coups d'hache.

Pipe aux dents, lame en main, profonds, pas embêtés,
Quand l'ombre bave au bois comme un mufle de vache,
Ils s'en vont, amenant leurs dogues à l'attache,
Exercer nuitamment leurs terribles gaietés !

Ils signalent aux lois modernes les faunesses,
Ils empoignent les Fausts et les Diavolos
« Pas de ça, les anciens ! Déposez les ballots ! »

— Quand sa sérénité s'approche des jeunesses,
Le Douanier se tient aux appas contrôles.
Enfer aux Délinquants que sa paume a frôlés !

Lorsque M. Izambard, retour de son excursion patriotique, rentra à Douai, il trouva chez ses tantes, où il habitait, son élève attablé à écrire des vers. Cela ne le surprit point trop, car, passant par Charleville, il avait été mis en possession du double d'une lettre de Madame Rimbaud « annonçant » qu'Arthur s'était de nouveau enfui.

Dans sa lettre, la mère éplorée « voulait bien admettre cette fois —dira le pédagogue — que je n'y étais pour rien, et m'adjurait de faire le possible pour le retrouver... Mais comme, en dépit de ses vers, je ne me souciais pas d'encourir une fois de plus les malédictions de la chère maman, j'écrivis à celle-ci qu'elle eût à aviser, et le commissaire de police fut chargé par elle, pour éviter les frais, de le ramener à Charleville, de brigade en brigade. C'est dur à conquérir, indépendance. »

Tout au moins dans la dernière partie de cette « humoristique » tirade, M. Izambard se trompe. Voici les faits :

Au reçu de la réponse du professeur de rhétorique, Madame Rimbaud, craignant l'interception des objets postaux par les envahisseurs allemands, avait, en surcroît de précaution, dans la crainte qu'il arrivât de nouveau malheur honteux à son fils, couru à Bouillon, ville belge de la frontière, et y avait déposé, à la poste, l'argent nécessaire au voyage de Douai à Charleville. La lettre contenant le mandat ne fut-elle pas mise en route ? Arthur était-il parti de Douai, lorsque le pli y arriva ? Toujours est-il que, à quelque temps de là, l'expéditrice reçut de Bouillon avis d'avoir à venir se faire rembourser le mandat-poste. Le transfuge était déjà rentré à la maison. Il y avait été, dit M. Izambard, ramené administrativement. Or, il est impossible que cette mère, si

« fière pour elle » de son enfant, ait jamais voulu, au fond, employer pour le récupérer des procédés dont elle aurait eu elle-même à rougir ; il est peu vraisemblable, d'autre part, qu'Arthur, à ce moment, soit allé se reposer sur la gendarmerie du soin de le reconduire à Charleville. Alors ?... À moins que la police, à laquelle, dans son désespoir de ne pas recevoir du professeur absent de Douai réponse à sa lettre, Madame Rimbaud s'était peut-être adressée pour rechercher le fugitif, n'ait cru devoir prendre sur soi de le ramener. En tout cas, nous savons qu'à Douai les tantes de M. Izambard s'impatientaient du séjour prolongé d'un hôte n'ayant, dans son extérieur, rien d'un dandy[25].

VIII

De fin octobre 1870 à février 1871, Arthur Rimbaud supporta de demeurer à Charleville.

La guerre, dans la région, battait son plein. L'hiver allait être particulièrement rude. Madame Rimbaud, tremblante en elle-même à la pensée d'un nouveau départ possible de son fils, le laissait maintenant agir à peu près à sa guise. Le collège n'avait pas rouvert ses portes. Tout le monde, à cause des opérations militaires, était, comme on dit, sens dessus dessous.

Le jeune poète, non sans impatience de séjour, occupait son temps dans la lecture d'ouvrages modernes de sociologie et d'esthétique, prêtés par des professeurs du collège. Il faisait aussi de longues stations à la bibliothèque de la ville, où, disent tous ses biographes, il dévorait de vieux bouquins d'alchimie et de cabale, ainsi que des « contes orientaux et libretti de Favart[26] ». « Le bibliothécaire d'alors — ont écrit MM. Bourguignon et Houin[27] — était M. Jean Hubert, ancien professeur de rhétorique, auteur de divers travaux d'érudition locale ; il n'aimait guère se déranger pour chercher les volumes demandés ». Rimbaud, appuie M. Louis Pierquin[28], « faisait le désespoir du vieillard, ainsi que des trois ou quatre retraités qui formaient le groupe des habitués du palais municipal il venait troubler continuellement la quiétude de ces braves gens par des demandes de livres étranges… Le grave conservateur, forcé de se lever pour servir le solliciteur, n'en revenait pas, et vous prenait des airs de pion fâché qui finirent par irriter le gamin » et lui inspirèrent ce prodige de truculente ironie :

LES ASSIS

Noirs de loupes, grêlés, les yeux cerclés de bagues
Vertes, leurs doigts boulus crispés à leurs fémurs,
Le sinciput plaqué de hargnosités vagues
Comme les floraisons lépreuses des vieux murs ;

Ils ont greffé dans des amours épileptiques
Leur fantasque ossature aux grands squelettes noirs
De leurs chaises leurs pieds aux barreaux rachitiques
S'entrelacent pour les matins et pour les soirs !

Ces vieillards ont toujours fait tresse avec leurs sièges,
Sentant les soleils vifs percaliser leur peau
Ou, les yeux à la vitre où se fanent les neiges,
Tremblant du tremblement douloureux du crapaud.

Et les sièges leur ont des bontés ; culottée
De brun, la paille cède aux angles de leurs reins
L'âme des vieux soleils s'allume emmaillotée
Dans ces tresses d'épis où fermentaient les grains.

Et les Assis, genoux aux dents, verts pianistes,
Les dix doigts sous leur siège aux rumeurs de tambour,
S'écoutent clapoter des barcarolles tristes ;
Et leurs caboches vont dans des roulis d'amour.

Oh, ne les faites pas lever ! C'est le naufrage…
Ils surgissent, grondant comme des chats giflés,
Ouvrant lentement leurs omoplates, ô rage
Tout leur pantalon bouffe à leurs reins boursouflés.

Et vous les écoutez cognant leurs têtes chauves
Aux murs sombres, plaquant et plaquant leurs pieds tors,
Et leurs boutons d'habit sont des prunelles fauves
Qui vous accrochent l'œil du fond des corridors

Puis ils ont une main invisible qui tue.
Au retour, leur regard filtre ce venin noir
Qui charge l'œil souffrant de la chienne battue,
Et vous suez, pris dans un atroce entonnoir.

Rassis, les poings noyés dans des manchettes sales,
Ils songent à ceux-là qui les ont fait lever
Et, de l'aurore au soir, des grappes d'amygdales
Sous leurs mentons chétifs s'agitent à crever.

Quand l'austère sommeil a baissé leurs visières,
Ils rêvent sur leurs bras de sièges fécondés,
De vrais petits amours de chaises en lisières

> Par lesquelles de fiers bureaux seront bordés ;
>
> Des fleurs d'encre crachant des pollens en virgules
> Les bercent, le long des calices accroupis
> Tels qu'au fil de glaïeuls le vol des libellules,
> — Et leur membre s'agace à des barbes d'épis[29].

Rimbaud, entre temps, ne laissait pas de lire les journaux et de s'intéresser passionnément aux incidents révolutionnaires de Paris assiégé. Allait-on enfin bouter hors ce gouvernement de la Défense nationale qui l'avait tenu emprisonné et ces Prussiens qui barraient la route de la Cité des Lettres !

Il ne laissait pas, non plus, de satisfaire son impérieux besoin de marche, en parcourant dans tous les sens les forêts rocheuses des environs, cela en compagnie parfois d'un camarade macérien de son âge, Ernest Delahaye, dont la gentillesse, la candeur de soumission et le babil le reposaient des propos sévères ou compassés de sa mère et des cuistres.

Le 2 novembre, quelques jours après sa seconde rentrée au giron maternel, il avait écrit à M. Izambard cette lettre :

> Monsieur,
>
> Je suis rentré à Charleville un jour après vous avoir quitté[30]. Ma mère m'a reçu[31], et je suis là… tout à fait oisif. Ma mère ne me mettrait en pension qu'en janvier 71.
>
> Eh bien ! j'ai tenu ma promesse.
>
> Je meurs, je me décompose dans la platitude, dans la mauvaiseté, dans la grisaille. Que voulez-vous, je m'entête

affreusement à adorer la liberté libre, et un tas de choses que « ça fait pitié », n'est-ce pas ? — Je devais repartir aujourd'hui même ; je le pouvais : j'étais vêtu de neuf, j'aurais vendu ma montre, et vive la liberté ! — Donc je suis resté ! je suis resté ! et je voudrai repartir encore bien des fois. — Allons, chapeau, capote, les deux poings dans les poches et sortons ! — Mais je resterai, je resterai. Je n'ai pas promis cela. Mais je le ferai pour mériter votre affection : vous me l'avez dit. Je la mériterai.

La reconnaissance que je vous ai, je ne saurais pas vous l'exprimer plus que l'autre jour ; je vous la prouverai. Il s'agirait de faire quelque chose pour vous, que je mourrais pour le faire, — je vous en donne ma parole.

J'ai encore un tas de choses à dire…

Ce « sans-coeur » de
A. R<small>IMBAUD</small>.

Guerre : pas de siège de Mézières. Pour quand ? On n'en parle pas. — J'ai fait votre commission à M. Deverrière, et s'il faut faire plus, je ferai. — Par ci, par là, des francs-tirades. Abominable prurigo d'idiotisme, tel est l'esprit de la population. On en entend de belles, allez ! C'est dissolvant.

Pourtant, peu à peu, il s'apprivoise à la maison. Aux heures des repas et durant la veillée, il se montre d'humeur plutôt gaie et a, pour ses petites sœurs, de toutes délicates attentions.

Le 31 décembre, Mézières, pour ses étrennes, est bombardé. Rimbaud assiste à ce spectacle d'écroulements et d'incendie ce qui n'est plus de la grisaille. Et, comme, à partir de la prise de Mézières, on logeait à Charleville des soldats allemands, sa mère le voit avec bonheur, avec espoir, s'intéresser aux choses du foyer, s'empresser aux démarches administratives nécessitées par l'occupation et, de cette manière encore, aider à la protection des fillettes.

Mais le milieu social carolopolitain l'offensait de plus en plus par sa médiocrité prétentieuse et sa malveillance. Du calme civil et de l'assiduité familiale, le jeune poète n'avait que les apparences. Aussitôt le siège de Paris levé, il vend sa montre et prend le train.

Arrivé dans la capitale, tout en errant plein de faim à travers les rues dont le mouvement, nouveau pour lui, lui donne le vertige, il découvre l'adresse d'André Gill, qui reluisait alors d'une triple gloire de caricaturiste, de rimeur et de révolutionnaire. Le jeune provincial n'hésita pas à aller frapper à la porte de ce frère.

Gill — il l'a lui-même raconté quelque part — était absent de son atelier, lorsque Rimbaud y arriva ; mais il avait, selon son habitude, laissé sa clef sur la porte. Quand il rentra, sa surprise fut grande d'apercevoir sur la banquette de l'antichambre quelqu'un y ronflant à gros poings rouges et fermés. Il ne cria pourtant ni : à l'assassin ! ni : au voleur ! et se contenta de réveiller l'intrus, qui, se frottant les yeux, après de l'égarement, se reconnut, reconnut l'artiste, se présenta en rougissant, dit son histoire, confia son espoir. On sait que le bon caricaturiste, ahuri et blagueur, ne comprenant du reste point l'apparition de cette figure fantasque et angélique, lui signifia son congé en lui remettant, d'un beau geste, un viatique de quelques francs. Rimbaud s'en alla, grognon. Au fond, sa candeur s'étonnait qu'on s'étonnât, et il était dépité d'avoir été traité en mendiant par cet André Gill.

Le produit de la vente de sa montre d'argent avait à peine suffi au paiement du voyage en chemin de fer. Il ne connaissait aucun refuge dans ce Paris, étranger absolument malgré une précédente présence, laquelle, on se souvient, s'était écoulée toute en prison. Que faire pour vivre et où aller ? Sans feu ni lieu, par cette fin d'hiver et huit jours durant, il dut errer à travers les rues, dont les boutiques Ironiquement se ravitaillaient ; apaisant mal ses faims de détritus fruitiers et trompant durement sa lassitude par des sommeils sous les ponts ou dans des bateaux à charbon ; et cela jusqu'au moment où, mourant littéralement de misère, il se résigna à sacrifier sa liberté en faveur de sa vie, à reprendre à pied le chemin des Ardennes.

> Sur les routes, par des nuits d'hiver, sans gîte, sans habits, sans pain, une voix étreignait mon coeur gelé : « Faiblesse ou force : te voilà, c'est la force. Tu ne sais ni où tu vas, ni pourquoi tu vas ; entre partout, réponds à tout. On ne te tueras pas plus que si tu étais cadavre. » Au matin, j'avais le regard si perdu et la contenance si morte, que ceux que j'ai rencontrés *ne m'ont peut-être pas vu*[32].

Il venait d'éprouver, l'adolescent plein d'appétit, que la Grand'Ville, la Ville-lumière, est pour l'infortuné sans amis le plus sombre, le plus impitoyable et le plus mortel des déserts. Une amertume sévère d'homme plisse, en son visage enfantin, la bouche de passion et, jalousé par le ciel, ses yeux d'ange reflétant un vouloir de félicité universelle, il marche, il marche, face à t'aube, à travers cette région française dévastée par la guerre exécrable et occupée par l'Allemand.

À Charleville, où il arriva presque nu, de nuit, et atteint d'une grosse bronchite, on le trouve, après cette seconde tentative malheureuse vers Paris, dans un état d'inquiète exaspération. Sa mère, effarée, l'a rhabillé et soigné. Il n'en est pas moins sombre et comme honteux de son insuccès. Toutefois, en même temps que ses lectures, il reprend ses interminables promenades dans l'Ardenne ; et, héros malchanceux, à Ernest Delahaye, qui l'admire affectueusement, il confie ses déboires et sa misère.

Puis, le collège rouvre ses portes. Madame Rimbaud voudrait que son fils terminât ses études. Il s'y refuse absolument. Il préférerait vivre en ermite, au creux d'un rocher.

Non loin de Mézières, il y avait un petit bois couvrant l'ancienne exploitation d'une carrière. Après avoir suivi un sentier serpentant à travers un sol tourmenté, on trouvait dans un taillis, sur le flanc de la colline qui porte Saint-Laurent et Romery, une excavation due sans doute à un coup de mine et qui descendait en entonnoir dans la roche jusqu'à une assez grande profondeur. C'est dans cette sorte de grotte, nous a raconté M. Delahaye, que Rimbaud et lui allaient le plus souvent ensemble pour causer et fumer des pipes. Une fois, le jeune poète manifeste à son ami le désir de venir se terrer là il voulait ainsi se libérer des instances maternelles se multipliant pour qu'il reprît ses études ; et il demande à Delahaye de vouloir bien, au cas où se réaliserait ce projet d'ermitage, lui apporter, chaque jour, simplement un morceau de pain. Les choses en restèrent là.

On ne sait quelle force subconsciente le pousse, en même temps, etle poussera toujours, à s'en aller. S'il stagne encore dans les Ardennes, ce n'est que pour fort peu de jours. On croirait qu'il a pris goût à la vie d'aventures, malgré les souffrances que cette vie lui a déjà fait endurer ; on croirait qu'il recherche le malheur, qu'il veut l'opprobre

> Encore tout enfant, j'admirais le forçat intraitable sur qui se referme toujours le bagne je visitais les auberges et les garnis qu'il aurait sacrés par son séjour ; je voyais *avec son idée* le ciel bleu et le travail fleuri de la campagne ; je flairais sa fatalité dans les villes. Il avait plus de force qu'un saint, plus de bon sens qu'un voyageur — et lui, lui seul ! pour témoin de sa gloire et de sa raison[33] !

C'est pourquoi, en attendant la possibilité d'un nouveau départ, il veut la solitude et le silence. Son rire, au contact des morales qui l'entourent, se convulse jusqu'à la douleur. Il considère qu'il doit vivre tout le mal, comme tout le bien. Il aspire à la satiété dans un total d'humanité sans exemple ; il aspire à tout connaître, à tout embrasser : cela délibérément, sans que sa modestie, de sorte étrange, daigne en apparence prendre conscience qu'ainsi il se divinise. Il n'a que seize ans. On voudrait qu'il fît sa classe de philosophie !

IX

La Commune régnait à Paris, lorsqu'il y vint échouer pour la troisième fois.

Arrivé de pied et encore sans le sou, mais ivre de révolutionnarisme, il va avec assurance, dès les fortifications, se présenter à un poste d'insurgés comme un adhérent de province. Il se dit partisan enthousiaste de Blanqui, et il demande à prendre part tout de suite aux dangers des revendications populaires. Son aspect excite la solidarité des bons communalistes, séduits déjà par ses propos exaltés et son attitude. Une collecte est faite au profit du jeune homme, de mine plus enfantine que nature, et si passionnée et si touchante ! Aussitôt qu'il a l'argent en main, il le restitue en régalant tout le monde. Voulait-il par là, lui « plus pauvre que le meilleur des mendiants », donner la preuve de son manque absolu de soucis égoïstes ?

Enrôlé dans les « Tirailleurs de la Révolution », il fut logé à la caserne de Babylone. C'était en mai. Le désarroi régnait à l'Hôtel de Ville. On négligea d'équiper la foule de déserteurs versaillais et autres nouveaux adhérents qui devaient former ce corps de tirailleurs. Rimbaud, à son grand chagrin, ne put assister qu'en acteur caserné à l'effroyable fantasmagorie de la guerre civile. Durant une quinzaine de jours, à Babylone, il ne vit guère de ses yeux de chair que des « scènes de saouleries », disent MM. Bourguignon et Houin. Mais ces scènes le firent souffrir singulièrement dans sa délicatesse sensorielle et cordiale, s'il faut s'en rapporter à ces vers symboliques, qu'elles inspirèrent :

LE CŒUR VOLÉ [34]

Mon triste cœur bave à la poupe,
Mon cœur couvert de caporal :
Ils y lancent des jets de soupe,
Mon triste cœur bave à la poupe
Sous les quolibets de la troupe
Qui pousse un rire général,
Mon triste cœur bave à la poupe,
Mon cœur couvert de caporal

Ithyphalliques et pioupiesques,
Leurs quolibets l'ont dépravé.
Au gouvernail on voit des fresques
Ithyphalliques et pioupiesques.
Ô flots abracadabrantesques,
Prenez mon cœur, qu'il soit lavé
Ithyphalliques et pioupiesques,
Leurs quolibets l'ont dépravé

Quand ils auront tari leurs chiques
Comment agir, ô cœur volé ?
Ce seront des hoquets bachiques
Quand ils auront tari leurs chiques,
J'aurai des sursauts stomachiques,
Moi, si mon cœur est ravalé

> Quand ils auront tari leurs chiques
> Comment agir, ô cœur volé ?

Enfin, l'armée versaillaise étant entrée dans Paris, où elle extermine tout ce qu'elle rencontre de suspects, et la défaite de la Commune étant désormais certaine, Rimbaud obéit à un mot d'ordre de sauve-qui-peut parcourant sinistrement les rues, et quitte la caserne de Babylone. Après avoir jeté un regard sur ce carnaval de la tuerie et de l'incendie, en dépit de la présence de postes versaillais aux fortifications, il réussit à s'esquiver. Et c'est parmi des dangers de toutes sortes, se hérissant au cours des premières étapes, qu'il parvient à regagner pédestrement Charleville.

Dans la forêt de Villers-Cotterets, il crut, une fois, son être fuyard menacé d'un écrabouillement. C'était par une nuit de poix. Une chevauchée de Bavarois soûls et poussant d'affreux cris, dans un tumulte énorme chargeait sur la route et, à galop d'enfer, sur lui semblait foncer. Épouvanté, du fait surtout de son imagination excessive, il n'eut, entendit-il, que le temps de se jeter dans un fourré, où, sans oser respirer, se bouchant les oreilles, il se tint blotti longtemps, après même que le fantastique vacarme se fût éteint dans l'éloignement.

Il semble bien que le séjour dans Paris insurgé, qui ne l'arma pas, lui, et le laissa en compagnie d'ignobles soudards dans une caserne, doive lui faire prendre en mépris la guerre sociale, doive l'induire en dédain pour les aspirations communistes, déclamées, affichées avec par trop d'inconsciente et traditionnelle sublimité, agies avec un apparat vraiment trop de théâtre de foire ; car, écrira-t-il dans

Une Saison en Enfer, au ressouvenir de ces choses et d'autres :

Dans les villes la boue m'apparaissait soudainement rouge et noire, comme une glace quand la lampe circule dans la chambre voisine, comme un trésor dans la forêt ! Bonne chance, criai-je, et je voyais une mer de flammes et de fumée au ciel ; et, à gauche, à droite, toutes les richesses flambant comme un milliard de tonnerres. — Mais l'orgie et la camaraderie des femmes m'étaient interdites. Pas même un compagnon. Je me voyais devant une foule exaspérée, en face du peloton d'exécution, pleurant du malheur qu'ils n'aient pu comprendre, et pardonnant ! — Comme Jeanne d'Arc ! — « Prêtres, professeurs, maîtres, vous vous trompez en me livrant à la justice. Je n'ai jamais été de ce peuple-ci ; je n'ai jamais été chrétien ; je suis de la race qui chantait dans le supplice ; je ne comprends pas les lois ; je n'ai pas le sens moral, je suis une brute : vous vous trompez. »

Néanmoins, dans Charleville, à son retour de la Commune[35], Rimbaud montre une frénésie d'approbation pour les actes des révolutionnaires parisiens, sans doute parce que les gens qu'il fréquente les réprouvent avec bêtise ; et, lorsqu'il apprend l'inclémence de la victoire de Thiers et le rétablissement de l'ordre bourgeois, sa colère contre les vainqueurs se traduit par cette terrible invective :

PARIS SE REPEUPLE

Ô lâches, la voilà ! Dégorgez dans les gares !
Le soleil essuya de ses poumons ardents
Les boulevards qu'un soir comblèrent les Barbares.
Voilà la Cité sainte, assise à l'occident !

Allez, on préviendra les reflux d'incendie
Voilà les quais, voilà les boulevards, voilà
Les maisons sur l'azur léger qui s'irradie
Et qu'un soir la rougeur des bombes ébranla !

Cachez les palais morts dans des niches de planches !
L'ancien jour effaré rafraîchit vos regards.
Voici le troupeau roux des tordeuses de hanches :
Soyez fous, vous serez drôles, étant hagards !

Tas de chiennes en rut mangeant des cataplasmes,
Le cri des maisons d'or vous réclame ! Volez,
Mangez ! Voici la nuit de joie aux profonds spasmes
Qui descend dans la rue : ô buveurs désolés,

Buvez ! Quand la lumière arrive intense et folle,
Fouillant à vos côtés les luxes ruisselants,
Vous n'allez pas baver, sans geste, sans parole,
Dans vos verres, les yeux perdus aux lointains blancs ?

Avalez, pour la Reine aux fesses cascadantes !
Écoutez l'action des stupides hoquets
Déchirants ! Écoutez sauter aux nuits ardentes
Les idiots râleux, vieillards, pantins, laquais !

Ô cœurs de saletés, bouches épouvantables,
Fonctionnez plus fort, bouches de puanteurs !
Un vin, pour ces torpeurs ignobles, sur ces tables !
Vos ventres sont fondus de hontes, ô Vainqueurs !

Ouvrez votre narine aux superbes nausées,
Trempez de poisons forts les cordes de vos cous,
Sur vos nuques d'enfants baissant ses mains croisées,

Le poète vous dit : Ô lâches, soyez fous !

Parce que vous fouillez le ventre de la Femme,
Vous craignez d'elle encore une convulsion
Qui crie, asphyxiant votre nichée infâme
Sur sa poitrine, en une horrible pression ?

Syphilitiques, fous, rois, pantins, ventriloques,
Qu'est-ce que ça peut faire à la putain Paris,
Vos âmes et vos corps, vos poisons et vos loques ?
Elle se secouera de vous, hargneux, pourris ;

Et quand vous serez bas, geignant sur vos entrailles,
Les flancs morts, réclamant votre argent, éperdus,
La rouge courtisane aux seins gros de batailles,
Loin de votre stupeur tordra ses poings ardus !

Quand tes pieds ont dansé si fort dans les colères,
Paris ! quand tu reçus tant de coups de couteau,
Quand tu gis, retenant dans tes prunelles claires
Un peu de la bonté du fauve renouveau,

Ô cité douloureuse, ô cité quasi morte,
La tête et les deux seins jetés vers l'Avenir
Ouvrant sur ta pâleur ses milliards de portes,
Cité que le Passé sombre pourrait bénir,

Corps remagnétisé pour les énormes peines,
Tu revois donc la vie effroyable, tu sens
Sourdre le flux des vers livides en tes veines
Et sur ton clair amour rôder les doigts glaçants !

Et ce n'est pas mauvais. Les vers, les vers livides
Ne gêneront pas plus ton souffle de progrès
Que les stryx n'éteignaient l'oeil des Cariatides
Où des pleurs d'or astral tombaient des bleus degrés.

Quoique ce soit affreux de te revoir couverte
Ainsi ; quoiqu'on n'ait fait jamais d'une cité

Ulcère plus puant à la Nature verte,
Le poète te dit Splendide est ta beauté !

L'orage te sacra suprême poésie ;
L'immense remuement des forces te secourt ;
Ton œuvre bout, la mort gronde, cité choisie !
Amasse les strideurs au cœur du clairon sourd.

Le poète prendra le sanglot des infâmes,
La haine des forçats, la clameur des maudits,
Et ses rayons d'amour flagelleront les femmes,
Ses strophes bondiront : Voilà ! voilà ! bandits !

— Société, tout est rétabli : les orgies
Pleurent leur ancien râle aux anciens lupanars,
Et les gaz en délire, aux murailles rougies,
Flambent sinistrement vers les azurs blafards !

X

Épave de la Commune, Arthur Rimbaud va demeurer jusqu'en septembre dans son pays natal.

Dès les premiers jours de juin, un incident se produisit, qui devait séparer à jamais le jeune poète de son professeur de rhétorique :

Les élans d'amour, pour le peuple, du néophyte révolutionnaire venaient, on l'a vu, de se rompre dans de la boue sanglante ; il avait rapporté de Paris une vision tumultueuse de désespoir. La misanthropie gagnait déjà ses immenses facultés d'aimer ; le dégoûta à l'égard des foules assaillait son merveilleux cœur. Il ne pouvait s'épancher auprès de sa mère du flot de tristesse noyant l'esquif de son âme bouleversée Madame Rimbaud, depuis la première fugue, était plus âprement douloureuse que son fils. Il chercha diversion ; il écrivit à M. Izambard, en lui envoyant *le Cœur volé*, une lettre affectueuse, dans laquelle il énonçait de nouvelles visées en art poétique et proscrivait les acquisitions antérieures sous ce rapport. Sans doute espérait-il par là intéresser l'ami que pas encore il ne jugeait « comme les autres ». Il devait aussi penser que sa lettre allait être le point de départ d'un échange de propos esthétiques et d'un troc de ces cordialités délicates dont il éprouvait un si pressant besoin. Hélas ! l'universitaire ne pouvait comprendre *le Cœur volé*, non plus que les spéciales et vigoureuses ambitions littéraires de l'auteur ; il répondit par une épître de moqueries si lourdes et par l'envoi d'une parodie si vulgaire, si incompréhensive du *Cœur volé*, que Rimbaud, cruellement déçu dans son esprit comme dans son cœur, fut pris d'une colère folle et répliqua par des violences hyperboliques, tout en donnant au censeur congé de son âme. M. Izambard, redevenu soudain plus pédagogue que jamais, renvoya la diatribe à la mère du forcené, avec des appréciations à tout le moins suggérant des mesures coercitives. Madame Rimbaud, que cela ne fit que torturer davantage, demanda des explications à Arthur. Avec un haussement d'épaules, il les donna en deux qualificatifs précis. Ce fut fini… Non ! car l'ex-professeur n'a pas encore, en l'année 1911 qu'il est, pardonné à cette mère la réserve silencieuse avec quoi elle accueillit sa dénonciation.

Et la sensibilité morale de Rimbaud, envasée par l'amitié, voulut, après cet incident, se renflouer et voguer vers les tendresses du beau sexe. En vue du port, sa barque d'amour, portant pavillon céleste, devait se briser contre le rocher des préjugés.

Un jour de cet été de 1871, Madame Rimbaud reçoit d'un industriel voisin une épistole signalant, en termes d'ailleurs assez aimables, les allures incorrectes de son enfant, qu'elle devrait bien, disait-on, surveiller plus attentivement. Voici à quoi faisait allusion l'excellent bourgeois carolopolitain :

Le vibrant poète, au sortir quotidien de chez lui, voyant souventes fois derrière les rideaux entrouverts d'une fenêtre du quai de la Madeleine une brune aux yeux bleus dont les regards ne se baissaient pas trop au croisement des siens, en était tombé amoureux et avait osé, en toute droiture d'ingénuité, adresser à la belle une déclaration de bon ton lyrique et donnant rendez-vous. Les parents, ainsi qu'il convient, avaient lu le poulet, et, comme la teneur en était sympathique et point banale, ils avaient, curieux, décidé de laisser leur fille aller au rendez-vous. En présence de son « âme », triomphante en ses atours et flanquée d'une servante, la timidité physique de l'amoureux s'était incendié le visage et paralysé la langue : cependant que la demoiselle, reconnaissant son voisin, et dépitée sans doute de tant de confusion, le toisait d'un air impertinent et que la servante éclatait de rire...

L'austérité de Madame Rimbaud ne s'émut pas beaucoup du rapport paternel. Elle était intelligente elle savait son fils chaste, positivement, et la jeune fille, de bonne maison. Dans la crainte perpétuelle où elle vivait d'une nouvelle fugue d'Arthur, elle envisagea plutôt comme une bénédiction cette circonstance amoureuse, capable peut-être de le rendre plus sédentaire. Puis, quoique la demoiselle fût d'un âge de quelques années plus avancé, un mariage, dans l'avenir, était possible, qui fixerait près d'elle, pour toujours, son fils. Elle ne fit donc à celui-ci d'observations que pour le mettre en garde contre des imprudences pouvant abolir cette souriante perspective.

Mais le poète avait reçu de l'attitude de la belle et du rire de la servante une humiliation profonde. Convaincu qu'il ne pourrait jamais arriver à se faire comprendre des femmes, il fit sur ses joies idéales d'amant « le bond sourd de la bête féroce » en rimant l'invective de *Mes petites Amoureuses*[36].

Le grave et désolé poème suivant, inédit, est aussi de ce moment tragique.

LES SŒURS DE CHARITÉ[37]

Le jeune homme dont l'œil est brillant, la peau brune,
Le beau corps de vingt ans qui devrait aller nu
Et qu'eût, le front cerclé de cuivre, sous la lune,
Adoré, dans la Perse, un génie inconnu,

Impétueux avec des douceurs virginales

Et noires, fier de ses premiers entêtements,
Pareil aux jeunes mers, pleurs de nuits estivales
Qui se retournent sur des lits de diamants ;

Le jeune homme devant les laideurs de ce monde
Tressaille dans son cœur, largement irrité,
Et, plein d'une blessure éternelle et profonde,
Se prend à désirer sa sœur de charité.

Mais, ô femme, monceau d'entrailles, pitié douce,
Tu n'es jamais la Sœur de charité, jamais !
Ni regard noir, ni ventre où dort une ombre rousse,
Ni doigts légers, ni seins splendidement formés.

Aveugle irréveillée aux immenses prunelles,
Tout notre embrassement n'est qu'une question :
C'est toi qui pends à nous, porteuse de mamelles,
Nous te berçons, charmante et grave passion.

Tes haines, tes torpeurs fixes, tes défaillances
Et les brutalités souffertes autrefois,
Tu nous rends tout, ô Nuit pourtant sans malveillances,
Comme un excès de sang épanché tous les mois.

— Quand la femme portée un instant l'épouvante,
Amour, appel de vie et chanson d'action,
Viennent la Muse verte et la Justice ardente
Le déchirer de leur auguste obsession.

Ah ! sans cesse altéré des splendeurs et des calmes,
Délaissé des deux Sœurs implacables, geignant
Avec tendresse après la science aux bras aimes,
Il porte à la nature en fleurs son front saignant.

Mais la noire alchimie et les saintes études
Répugnent au blessé, sombre savant d'orgueil ;
Il sent marcher sur lui d'atroces solitudes.
Alors, et toujours beau, sans dégoût du cercueil,

> Qu'il croie aux vastes fins, Rêves ou Promenades
> Immenses à travers les nuits de Vérité,
> Et t'appelle en son âme et ses membres malades,
> Ô Mort mystérieuse, ô Sœur de charité !

À la suite de sa mésaventure sentimentale, Rimbaud, on le constate par ces vers, se prend, un instant, à désirer la mort. Ses allures s'accentuent d'amère étrangeté.

Puis, on le voit se promener à travers les rues de Charleville dans une tenue systématiquement négligée, la pipe à la bouche, les cheveux longs et en désordre. Son masque d'enfance assume une expression audacieusement narquoise : défi, sans doute, à sa timidité et à sa détresse !

De temps à autre, il fréquentait avec divers personnages républicains beaucoup plus âgés que lui, professeurs nouveaux du collège, journalistes ou autres grands hommes de province à prétentions artistes et bohèmes. Son ironie, devenue blasphématoire, s'amusait à étonner ces braves gens, qui l'admiraient, mais à qui, pourtant, il n'était pas sans causer quelque terreur. C'est le moment où son esprit est le plus exaspérément révolté. Et plus ses auditeurs lui marquent d'étonnement, plus, avec une manie baudelairienne de mystification, il s'ingénie à les dérouter.

Il ne faudrait pas croire, toutefois, qu'il fût devenu un bavard. Non. Ses paradoxes, ramassés sur eux-mêmes, ne s'élançaient qu'en boutades, dans les instants où son habituel silence, son isolement étaient poussés hors de soi par un ambiant ressassement de lieux communs.

Cette période de son développement intellectuel est aussi l'époque de la crise physiologique de sa puberté. Si son âme est pleine d'orages, son système nerveux est trépidant.

Quand il est à la maison, on le trouve trop sombre, irascible ; ses gestes sont saccadés, ses manières grossières. À sa mère, retombant à son sujet dans le désespoir, il apparaît si singulier que, un moment, elle le croit devenu fou. Mais elle réfléchit qu'il est dans l'âge critique, pense qu'il s'est surmené l'esprit par l'étude, qu'il a été trop impressionné par la guerre et la Commune, et elle espère que, la crise physiologique passée, il redeviendra plus raisonnable. Ses petites sœurs elles-mêmes ne sont pas sans s'attrister des façons d'être nouvelles du grand frère, dont elles aimaient tant la distinction. Les délicates attentions d'autrefois sont à présent très rares. Il ne s'intéresse plus à leurs jeux, présidés naguère par lui avec une si ingénieuse initiative. Ce n'est pas sans effarement que, dans leur candeur, elles l'observent devenir violent dans ses gestes, acariâtre dans ses paroles, prononcées d'une voix tout autre que celle dont la musique leur agréait auparavant, de cette voix de la mue alternativement trop aiguë et trop grave. Elles s'étonnent aussi de sa carrure et de sa taille, qui, de jour en jour, se développent ; de son teint hâlé, rapporté du dernier voyage à Paris, et qui remplace les roseurs et les pâleurs si jolies d'antan. Mais ce qui les émeut par-dessus tout, c'est le dédain que lui, autrefois si pieux, affecte pour leurs jeunes dévotions.

Parmi les gens qu'il voyait alors à Charleville, il y avait un bohème nommé Charles Bretagne, employé aux contributions indirectes, poète bachique, vague dessinateur à ses moments perdus, entomologiste et joueur d'alto. À cause de son âge relativement avancé, on le surnommait « le père Bretagne ». Très barbu, très anticlérical, gras, gros buveur de bière, grand culotteur de pipes, sa physionomie ressemblait assez, en grotesque, au personnage du *Bon Bock* de Manet. Bon garçon, au demeurant, et heureux de vivre, il tenait ses assises dans un estaminet, qu'il emplissait de sa vaste et prétentieuse personne. Il était originaire de l'Artois, avait connu les ascendants maternels de Paul Verlaine et connaissait l'auteur des *Fêtes galantes*, pour l'avoir rencontré à Lécluse ou à Fampoux. De concert avec un certain Deverrière, journaliste radical, il jouait vis-à-vis de Rimbaud les Mécène. Et, en échange des prêts de livres et de journaux, des bocks et du tabac dont on le gratifiait, le jeune poète, pour ne pas demeurer en reste d'amabilités, donnait des vers manuscrits dont la truculence transportait d'aise l'anticléricalisme de ces messieurs, sans blesser leur républicanisme à la Gambetta.

Les échantillons qui nous ont été conservés, des poèmes anti-religieux auxquels Rimbaud, pour étonner ces fantoches, exerçait sa verve dès lors géniale, sont : *les Pauvres à l'Église, les Poètes de Sept ans, les Premières Communions* où ce vers :

> Christ, ô Christ ! éternel voleur des énergies,

condense toute la doctrine anti-chrétienne sur laquelle Nietzsche, quelques années après, ratiocinera abondamment, et aussi un fragment d'une longue pièce assez inégale, intitulée *l'Homme juste,* découverte récemment et où se trouvent ces vers, dont quelques-uns font pressentir le *Bateau ivre* :

> Et le Juste restait debout dans l'épouvante
> Bleuâtre des gazons après le soleil mort
> « Alors, mettrais-tu tes genouillères en vente,
> Ô Vieillard ? Pèlerin sacré, barde d'Armor,
> Pleureur des Oliviers, main que la pitié gante,
>
> Barbe de la famille et poing de la cité,
> Croyant très doux : ô cœur tombé dans les calices,
> Majestés et vertus, amour et cécité,
> Juste ! . . . .
> Je suis celui qui souffre et qui s'est révolté. »
>
> J'avais crié cela sur la terre, et la nuit
> Calme et blanche occupait les cieux pendant ma fièvre.
> Je relevai mon front : le fantôme avait fui,
> Emportant l'ironie atroce de ma lèvre.
> — Vents nocturnes, venez au maudit Parlez-lui ;
>
> Cependant que, silencieux sous les pilastres
> D'azur, allongeant les comètes et les nœuds
> D'univers, remuement énorme sans désastres,
> L'Ordre, éternel veilleur, rame aux cieux lumineux
> Et de sa drague en feu laisse filer les astres !

XI

Mais Rimbaud ne s'attardera pas longtemps à ces virulences de polémique, pourtant si savoureuses, qui réjouissent trop les petits esprits mal compréhensifs qu'il fréquente à Charleville. Un « subjectivisme » d'une vertigineuse profondeur et d'une extraordinaire acuité d'expression se discerne désormais dans ses vers. L'aigle va prendre son vol pour planer bien au-dessus des contingences morales et politiques, dans les régions supérieures de la poésie absolue, vers lesquelles palpite son aile immense et impatiente de mysticisme total, et cela — miracle ! — tout en gardant dardé sur la terre, sur la nature, son regard incomparable d'éclat et de fascination. La poésie, pense-t-il, tout en étant l'intense expression de l'intense sensation, doit être créatrice et propagatrice de rêves. Le poète se doit d'être un visionnaire et un prophète ; il lui faut entendre dans le silence, voir dans les nuits, noter l'inexprimable, fixer du vertige.

Et, de fait, ainsi volontairement et divinement auto-suggestionné, dans les rues on le voit marcher du pas automatique des hallucinés, ses beaux yeux d'azur noyés dans l'extase.

Il a rejeté loin de lui les philosophies des Helvétius, les sociologies des Rousseau. Lamennais lui-même, le Lamennais des *Paroles d'un Croyant*, ne le passionne déjà plus. Baudelaire, en lequel il voit un précurseur, l'intérese toujours ; Gérard de Nerval, le Gérard d'*Aurélia* l'inquiète ; mais il devra désormais s'enrichir l'esprit avec les acquisitions de son seul système sensoriel, qu'il affinera, qu'il exaspérera par tous les moyens, par le vin, par les poisons, par l'aventure.

Aussi, dès septembre de cette année 1871, s'étant tout entier replié sur lui-même, fera-t-il dans les régions supérieures de son idéal d'aujourd'hui le bond formidable du *Bateau ivre*, chef-d'œuvre visionnaire déjà, prophétique, terrible aussi et doux et tout, sanglotant prodige de la mer créée, énorme et vivante, par l'imagination de quelqu'un ne l'ayant jamais approchée dans la réalité ; du *Bateau ivre*, symbole de la vie entière de son auteur et que, pour cela, nous devons ici transcrire :

BATEAU IVRE

Comme je descendais des Fleuves impassibles,
Je ne me sentis plus guidé par les haleurs
Des Peaux-Rouges criards les avaient pris pour cibles,
Les ayant cloués nus aux poteaux de couleurs.

J'étais insoucieux de tous les équipages,
Porteur de blés flamands ou de cotons anglais.
Quand avec mes haleurs ont fini ces tapages,
Les fleuves m'ont laissé descendre où je voulais.

Dans les clapotements furieux des marées,
Moi, l'autre hiver, plus sourd que les cerveaux d'enfants,
Je courus et les Péninsules démarrées
N'ont pas subi tohu-bohus plus triomphants.

La tempête a béni mes éveils maritimes.
Plus léger qu'un bouchon j'ai dansé sur les flots
Qu'on appelle rouleurs éternels de victimes,
Dix nuits, sans regretter l'œil niais des falots.

Plus douce qu'aux enfants la chair des pommes sures,
L'eau verte pénétra ma coque de sapin
Et des taches de vins bleus et des vomissures
Me lava, dispersant gouvernail et grappin.

Et dès lors je me suis baigné dans le poème
De la mer infusé d'astres et lactescent,
Dévorant les azurs verts où, flottaison blême
Et ravie, un noyé pensif, parfois, descend ;

Où, teignant tout à coup les bleuités, délires
Et rythmes lents sous les rutilements du jour,
Plus fortes que l'alcool, plus vastes que vos lyres,
Fermentent les rousseurs amères de l'amour !

Je sais les cieux crevant en éclairs, et les trombes
Et les ressacs et les courants ; je sais le soir,
L'aube exaltée ainsi qu'un peuple de colombes,

Et j'ai vu quelquefois ce que l'homme a cru voir.

J'ai vu le soleil bas taché d'horreurs mystiques
Illuminant de longs figements violets,
Pareils à des acteurs de drames très antiques,
Les flots roulant au loin leurs frissons de volets.

J'ai rêvé la nuit verte aux neiges éblouies,
Baisers montant aux yeux des mers avec lenteur,
La circulation des sèves inouïes
Et l'éveil jaune et bleu des phosphores chanteurs.

J'ai suivi des mois pleins, pareille aux vacheries
Hystériques, la houle à l'assaut des récifs,
Sans songer que les pieds lumineux des Maries
Pussent forcer le muffle aux Océans poussifs.

J'ai heurté, savez-vous ? d'incroyables Florides,
Mêlant aux fleurs des yeux de panthères aux peaux
D'hommes, des arcs-en-ciel tendus comme des brides,
Sous l'horizon des mers, à de glauques troupeaux.

J'ai vu fermenter les marais, énormes nasses
Où pourrit dans les joncs tout un Léviathan,
Des écroulements d'eaux au milieu des bonaces
Et les lointains vers les gouffres cataractant !

Glaciers, soleils d'argent, flots nacreux, cieux de braises,

Échouages hideux au fond des golfes bruns
Où les serpents géants dévorés des punaises
Choient des arbres tordus avec de noirs parfums !

J'aurais voulu montrer aux enfants ces dorades
Du flot bleu, ces poissons d'or, ces poissons chantants.
Des écumes de fleurs ont béni mes dérades
Et d'ineffables vents m'ont ailé par instants.

Parfois, martyr lassé des pôles et des zones,
La mer, dont le sanglot faisait mon roulis doux,
Montait vers moi ses fleurs d'ombre aux ventouses jaunes
Et je restais ainsi qu'une femme à genoux,

Presqu'île ballottant sur mes bords les querelles
Et les fientes d'oiseaux clabaudeurs aux yeux blonds,
Et je voguais lorsqu'à travers mes liens frêles
Des noyés descendaient dormir à reculons.

Or moi, bateau perdu sous les cheveux des anses,
Jeté par l'ouragan dans l'éther sans oiseau,
Moi dont les Monitors et les voiliers des Hanses
N'auraient pas repêché la carcasse ivre d'eau,

Libre, fumant, monté de brumes violettes,
Moi qui trouais le ciel rougeoyant comme un mur
Qui porte, confiture exquise aux bons poètes,
Des lichens de soleil et des morves d'azur,

Qui courais taché de limules électriques,
Planche folle, escorté des hippocampes noirs,
Quand les Juillets faisaient crouler à coups de triques
Les cieux ultramarins aux ardents entonnoirs,

Bonne pensée du matin

À quatre heures du matin, l'été,
Le sommeil d'amour dure encore.
Sous les bosquets l'aube évapore
    L'odeur du soir fêté.

Mais là-bas dans l'immense chantier
Vers le soleil des Hespérides,
En bras de chemise, les charpentiers
    Déjà s'agitent.

Dans leur désert de mousse, tranquilles,
Ils préparent les lambris précieux
Où la richesse de la ville
    Rira sous de faux cieux.

Ah ! pour ces Ouvriers charmants
Sujets d'un roi de Babylone,
Vénus ! laisse un peu les Amants,
    Dont l'âme est en couronne.

    Ô Reine des Bergers !
Porte aux travailleurs l'eau-de-vie,
Pour que leurs forces soient en paix
En attendant le bain dans la mer, à midi.

                Mai 1872

MANUSCRIT DE RIMBAUD
(Collection L. Barthou.)

Moi qui tremblais, sentant geindre à cinquante lieues
Le rut des Béhémots et des Maelstroms épais,
Fileur éternel des immobilités bleues,
Je regrette l'Europe aux anciens parapets.

J'ai vu des archipels sidéraux et des îles
Dont les cieux délirants sont ouverts au vogueur :
Est-ce en ces nuits sans fond que tu dors et t'exiles,
Million d'oiseaux d'or, ô future Vigueur ?

Mais, vrai, j'ai trop pleuré. Les aubes sont navrantes,
Toute lune est atroce et tout soleil amer.
L'âcre amour m'a gonflé de torpeurs enivrantes.
Ô que ma quille éclate ! Ô que j'aille à la mer !

Si je désire une eau d'Europe, c'est la flache
Noire et froide où vers le crépuscule embaumé
Un enfant accroupi, plein de tristesse, lâche
Un bateau frêle comme un papillon de mai.

Je ne puis plus, baigné de vos langueurs, ô lames,
Enlever leur sillage aux porteurs de cotons,
Ni traverser l'orgueil des drapeaux et des flammes,
Ni nager sous les yeux horribles des pontons 1

Nous ne croyons pas qu'il soit nécessaire d'analyser l'émotion puissamment scientifique tapie derrière le lyrisme de ce merveilleux poème. L'époque où se développait le génie d'Arthur Rimbaud est, rappelons-le, celle de la fin du second Empire et du commencement de la troisième République. On sait qu'en ce temps-là les sciences biologiques commençaient à se répandre, passionnant les mentalités studieuses. La linguistique, l'histoire et la doctrine comparées des religions étaient fort à la mode. Notre affamé de connaissances s'était, à coup sûr, assimilé en outre Darwin, Buchner, aussi bien que les philosophes allemands. Et, de même que dans sa douzième année il avait poussé jusqu'au mysticisme sa ferveur d'idéalisme chrétien, il devait à seize ans, après avoir blasphémé éperdûment, pousser le matérialisme jusqu'au mysticisme.

Combien est déplorable la perte du manuscrit en prose intitulé *la Chasse spirituelle*, colligé, croyons-nous, après le *Bateau ivre* et confié par Rimbaud à Verlaine en 1872 Sa publication, en nous renseignant de façon peut-être explicite sur l'état des connaissances acquises par le poète, comblerait sans doute la lacune qu'on sent exister entre ses vers réguliers et *les Illuminations*. *La Chasse spirituelle* contenait « d'étranges mysticités et les plus aigus aperçus psychologiques », a dit Verlaine dans les *Poètes maudits*. Elle nous eût donc, en même temps, renseigné plus complètement sur l'intimité morale de Rimbaud.

En attendant qu'un remords, un hasard, — que sait-on ? — l'obligeance d'un bibliophile, permette la mise au jour de cette oeuvre, voici trois feuillets récemment découverts d'un recueil probablement antérieur. Ce sont les seules proses de cette époque de la vie de Rimbaud qui nous soient jusqu'ici parvenues. Par les éclairs qui les traversent, elles présagent *les Illuminations*.

LES DÉSERTS DE L'AMOUR

AVERTISSEMENT

Ces écritures-ci sont d'un jeune, tout jeune *homme*, dont la vie s'est développée n'importe où ; sans mère, sans pays, insoucieux de tout ce qu'on connaît, fuyant toute force morale, comme furent déjà plusieurs pitoyables jeunes hommes. Mais, lui, si ennuyé et si troublé, qu'il ne fit que s'amener à la mort comme à une pudeur terrible et fatale. N'ayant pas aimé de femmes, — quoique plein de sang ! — il eut son âme et son cœur, toute sa force, élevés en des erreurs étranges et tristes. Des rêves suivants — ses amours ! — qui lui vinrent dans ses lits ou dans les rues, et de leur suite et de leur fin, de douces considérations religieuses se dégagent peut-être. Se rappellera-t-on le sommeil continu des Mahométans légendaires, — braves pourtant et circoncis ! Mais, cette bizarre souffrance possédant une autorité inquiétante, il faut sincèrement désirer que cette Âme, égarée parmi nous tous, et qui veut la mort, ce semble, rencontre en cet instant-là des consolations sérieuses, et soit digne.

1

Cette fois, c'est la Femme que j'ai vue dans la Ville, et à qui j'ai parlé et qui me parle.

J'étais dans une chambre, sans lumière. On vint me dire qu'elle était chez moi : et je la vis dans mon lit, toute à moi, sans lumière ! Je fus très ému, et beaucoup parce que c'était la maison de famille : aussi une détresse me prit J'étais en haillons, moi, et elle, mondaine qui se donnait : il lui fallait s'en aller ! Une détresse sans nom je la pris, et la laissai tomber hors du lit, presque nue ; et, dans ma faiblesse indicible, je tombai sur elle et me traînai avec elle parmi les tapis, sans lumière ! La lampe de la famille rougissait l'une après l'autre les chambres voisines. Alors, la femme disparut. Je versai plus de larmes que Dieu n'en a jamais pu demander.

Je sortis dans la ville sans fin. Ô Fatigue ! noyé dans la nuit sourde et dans la fuite du bonheur. C'était comme une nuit d'hiver, avec une neige pour étouffer le monde décidément. Les amis, auxquels je criais : où reste-t-elle, me répondaient faussement. Je fus devant les vitrages de là où elle va tous les soirs : je courais dans un jardin enseveli. On m'a repoussé. Je pleurais énormément, à tout cela. Enfin, je suis descendu dans un lieu plein de poussière, et, assis sur des charpentes, je laissai finir toutes les larmes de mon corps avec cette nuit. — Et mon épuisement me revenait pourtant toujours.

J'ai compris qu'Elle était à sa vie de tous les jours ; et que le tour de bonté serait plus long à se reproduire qu'une étoile.

Elle n'est pas revenue, et ne reviendra jamais, l'Adorable qui s'était rendue chez moi, — ce que je n'aurais jamais présumé. Vrai, cette fois j'ai pleuré plus que tous les enfantsdu monde[38].

2

C'est, certes, la même campagne. La même maison rustique de mes parents la salle même où les dessus de portes sont des bergeries roussies, avec des armes et des lions. Au dîner, il y a un salon avec des bougies et des vins et des boiseries antiques. La table à manger est très grande. Les servantes ! elles étaient plusieurs, autant que je m'en suis souvenu. — Il y avait là un de mes jeunes amis anciens, prêtre et vêtu en prêtre maintenant c'était pour être plus libre. Je me souviens de sa chambre de pourpre, à vitres de papier jaune et ses livres, cachés, qui avaient trempé dans l'océan !

Moi, j'étais abandonné, dans cette maison de campagne sans fin lisant dans la cuisine, séchant la boue de mes habits devant les hôtes, aux conversations du salon ému jusqu'à la mort par le murmure du lait du matin et de la nuit du siècle dernier.

J'étais dans une chambre très sombre que faisais-je ? Une servante vint près de moi je puis dire que c'était un petit chien quoiqu'elle fût belle, et d'une noblesse maternelle inexprimable pour moi pure, connue, toute charmante Elle me pinça le bras.

Je ne me rappelle même plus bien sa figure ce n'est pas pour me rappeler son bras, dont je roulai la peau dans mes deux doigts ; ni sa bouche, que la mienne saisit comme une petite vague désespérée, minant sans fin quelque chose. Je la renversai dans une corbeille de coussins et de toiles de navire, en un coin noir. Je ne me rappelle plus que son pantalon à dentelles blanches. — Puis, ô désespoir, la cloison devint vaguement l'ombre des arbres, et je me suis abîmé sous la tristesse amoureuse de la nuit.

Nonobstant, le jeune et si dolent poète, héritier aussi par sa mère d'une grande activité physique, s'impatientait de plus en plus dans ce milieu dormeur et étriqué de province. L'ennui, un ennui de stagnation, désormais impossible à tromper par des promenades dans l'Ardenne connue et archiconnue, l'avait ramené au désir d'aller se produire à Paris. Convaincu toujours que là il rencontrerait des âmes correspondantes à la sienne, il se préoccupait des moyens d'y partir dans des conditions meilleures qu'autrefois. Il ne visait plus au martyre pour le bonheur du peuple ; il voulait simplement aller prendre rang dans la phalange armée pour le combat spirituel.

Il va de soi qu'après l'expérience des trois précédents voyages, Madame Rimbaud n'aurait pas sans terreur envisagé, et consenti de sa bourse, un nouveau départ de son fils pour la capitale. Celui-ci le savait bien. Aussi, ne s'ouvrit-il pas aux siens de ses intentions et préféra-t-il en parler à Bretagne et à Deverrière.

Bretagne offrit une recommandation pour Paul Verlaine. Rimbaud, sous cette égide, s'enhardit à écrire au collaborateur du *Parnasse contemporain,* dont il connaissait déjà et aimait les œuvres, une lettre sollicitant opinion sur des vers insérés dans le pli (*les Effarés, les Assis, les Douaniers, les Sœurs de Charité, le Cœur volé,* etc.) et demandant, au cas où ces choses seraient jugées favorablement et où elles mériteraient encouragement, qu'on voulût bien aider leur auteur, pauvre, à se créer des relations littéraires dans la capitale. La réponse ne se fit point attendre : Verlaine transporté d'enthousiasme envoyait à la « chère grande âme » un frénétique bravo ; et, après un court échange d'épistoles, Rimbaud incité par le poète des *Fêtes galantes* à ne point différer sa venue à Paris et invité à descendre chez lui, Verlaine, dont la maison ne pouvait ne pas être celle d'un tel frère, Rimbaud se décida à partir. Ce fut Deverrière, quelque peu redevable à l'adolescent d'une collaboration à son journal, qui fournit, sans plus, les vingt francs nécessaires au trajet en chemin de fer.

Et, par un rutilant après-midi d'automne, Arthur, ayant malgré tout dans l'esprit de sombres pressentiments, quitta Charleville sans autre bagage que ses poésies, dont le *Bateau ivre* à peine terminé et lu, la veille, à son camarade d'enfance, Ernest Delahaye.

Il allait, à Paris, préparer son calvaire.

1. ↑ Voir l'acte de naissance à l'Appendice.
2. ↑ *Ibid.*
3. ↑ Roche fait actuellement partie de la commune de Chuffilly.
4. ↑ Voir l'acte de naissance à l'Appendice.
5. ↑ M. Georges Izambard, en note à un article paru dans le tome XXIV de *Vers et Prose,* prétend que cette pièce a été écrite chez lui, à Douai, en septembre ou octobre 1870. Il faut être dénué de toute poétique, de toute

psychologie, pour venir affirmer — et dans quel but ! — que ce sont là des vers contemporains de *Ma Bohème ou du Dormeur du Val*.

6. ↑ Aujourd'hui : Institution Saint-Rémy.
7. ↑ Colonel de Cent-gardes (Note de A. Rimbaud).
8. ↑ *Revue d'Ardenne et d'Argonne*, novembre-décembre 1896.
9. ↑ L'impartialité nous oblige à reconnaître en outre que, parmi les anciens condisciples de Rimbaud appelés à fournir des renseignements pour cet ouvrage, les ecclésiastiques ont, sans exception, montré de la sympathie, voire de l'admiration à l'égard de leur concurrent laïque d'autrefois.
10. ↑ *Revue d'Ardennee et d'Argonne*, fasc. cité.
11. ↑ C'est le collègeoù Verlaine,en 1878,fut professeur.
12. ↑ OLIVIER BASSELIN, *Vaux de Vire* (Note de A. R.).
13. ↑ Le manuscrit de cet exercice, proposé en classe par M. Izambard, est visé par lui. Il fut communiqué en 1891 à une revue savante où collaborait certain docteur Laurent, qui le publia. Ce même docteur Laurent, criminaliste de l'école de Lomhroso, avait, auparavant, dans un gros bouquin d'anthropologie, publié, à l'appui d'on ne sait quelle thèse pathologique sur le cas mental de Rimbaud, des vers apocryphes dont l'auteur n'était autre que Maurice du Plessys. Voici ces vers, tels qu'ils parurent pour la première fois dans le *Décadent* du 1-15 février 1888 ;

LES CORNUES

L'abdomen prépotent des bénignes Cornues
Seballoune tel un Ventre de femme enceinte.
Es-dressoirs, elles ont comme des airs de sainte
Procession vers quel Bondieu ? de plages nues...

Et leur Idole, à ces point du tout ingénues
Pelreines, c'est Tes Gloires jamais atteintes,
Ô la Science, Phare inaccessible...
....

Mais c'est dans l'âpre Etna de vos nuits, ô Cornues !
Que mûrit le fœtus des Demains triomphants !
— Ô Vulve ! de Leur bec tels des Sexes d'enfants

Et volute du Flanc telles les lignes nues
Du pur Torse de l'Ève aux rigidités lisses :
S de Leur col fluet comme de jeunes Cuisses !

Il convient de dire, à la décharge de M. Laurent, que cette parodie, aussi amusante certes et plus spirituelle que les *Déliquescences* d'Adoré Floupette, taxées aujourd'hui inconsciemment de chef-d'oeuvre, devait abuser à son tour un avocat méridional qui, plaidant dans une affaire d'internement, l'opposa, comme étant de Rimbaud, à l'accusation de folie par preuve de vers dont le héros du procès était victime. Auguste Vacquerie, philosophant peu après dans *le Rappel* sur l'affaire, n'hésita pas, en manière de protestation, à publier le sonnet avec la coquille *pelreines* (pour pélerines) et en l'accompagnant d'éloges dithyrambiques à l'adresse de Rimbaud.

14. ↑ En voulant s'élever contre ces assertions, qui s'autorisent des confidences de Madame Rimbaud, M. Izambard, par la publication illicite de la lettre suivante dans le tome XXIV de *Vers ef Prose*, en a apporté la confirmation la plus nette :

    Monsieur Izambard, professeur de rhétorique à Charleville.
    Monsieur,

Je vous suis on ne peut plus reconnaissante de tout ce que vous faites pour Arthur ; vous lui prodiguez vos conseils, vous lui faites faire des devoirs en dehors de la classe, c'est autant de soins auxquels nous n'avons aucun droit. Mais il est une chose que je ne saurais approuver : par exemple, la lecture d'un livre comme celui que vous lui avez donné il y a quelques jours (les *Misérables*, par V. Hugo). Vous devez savoir mieux que moi, monsieur le professeur, qu'il faut beaucoup de soin dans le choix des livres qu'on veut mettre sous les yeux des enfants. Aussi j'ai pensé qu'Arthur s'est procuré celui-ci à votre insu. Il serait certainement dangereux de lui permettre de pareilles lectures.

J'ai l'honneur de vous présenter mes respects.

                          Ep. RIMBAUD.

Les réflexions irrespectueuses dont M. Izambard accompagne cette lettre tendraient à faire croire que le livre prêté cette fois par lui à Rimbaud n'était pas les *Misérables*, mais *Notre-Dame de Paris. Or, Madame Rimbaud a* écrit sa lettre, ayant le volume en main ; de plus, son caractère lui donnait le dédain du mensonge. Son correspondant, à 41 ans de distance, voudrait la contredire : ses souvenirs sont donc bien vivaces !... En outre, il vient dire aux lecteurs d'une revue de littérature qu'il avait prêté *Notre-Dame de Paris* à son élève pour qu'il y fît « provision de couleur locale en vue d'un discours français donné en classe et portant ce titre : Lettre de Charles d'Orléans à Louis XI pour solliciter la grâce de Villon menacé de la potence ». On a lu plus haut le discours de Rimbaud. Il ne s'y marque guère de souvenirs de *Notre-Dame de Paris*, mais bien plutôt de Villon, de Basselin, de Charles d'Orléans, de Rabelais, de Marot ; et puis, Rimbaud se serait-il contenté d'un à peu près ? — Au lieu que ce passage d'*Une Saison en Enfer* « Encore tout enfant, j'admirais le forçat intraitable sur qui se referme toujours le bagne, etc. », en évoquant clairement Jean Valjean, prouve la lecture des *Misérables*.

15. ↑ De l'aveu de M. Izambard (Cf. *Mercure de France* du 16 décembre 1910) ce dernier vers n'est pas de Rimbaud. Celui-ci avait écrit :

> Et mes désirs brutaux s'accrochent à leurs lèvres,

ce qui ne manquait ni de couleur ni de caractère ; le professeur de rhétorique fit remplacer par cette grisaille

> Et je sens des baisers qui me viennent aux lèvres,

à quoi la charité du jeune poète condescendit.

16. ↑ Note wikisource : dans la partie déchirée, on doit lire : « Vous aviez l'air de ». Voir *Arthur Rimbaud – Œuvres, des Ardennes au Désert*, Pocket Classiques, édition établie par Pascaline Mourier-Casile, 1990/1998, ISBN 2-266-08276-0.
17. ↑ Cette intéressante lettre inédite nous a été communiquée par le poète Ernest Raynaud. Elle est bien de celui qui devait plus tard faire goûter à Paul Verlaine le talent de Desbordes-Valmore. On s'étonnera, par contre, de voir Rimbaud reprocher à Verlaine des libertés prises avec un art qu'il bouleversera lui-même de fond en comble. Nous croyons que les vers joints à cette lettre étaient *Soleil et Chair*.
18. ↑ Il va sans dire que cette glose de *Mémoire* ne tend pas à expliquer toutes les beautés inscrites en ce chef-d'œuvre de Rimbaud. Une interprétation, quelle qu'elle soit, saurait-elle rendre l'incantation de ces vers, qui ne paraissent obscurs à l'œil inattentif ou mal organisé que parce qu'ils sont trop lumineux.
19. ↑ Page 76.
20. ↑ Tous les mots soulignés de cette lettre l'ont été par Rimbaud.
21. ↑ Insistons-y : les communications par chemin de fer, de Paris avec l'Est, venaient d'être interrompues.

22. ↑ Cf. *Vers et Prose*, t. XXIV.
23. ↑ Jean Bourguignon et Ch. Houin, *Arthur Rimbaud* : Revue d'Ardenne et d'Argonne.
24. ↑ *Une Saison en Enfer*.
25. ↑ C'est M. Izambard lui-même qui, alors que la plus élémentaire amitié commandait de conduire l'enfant au train et de payer sa place, le remit entre les mains du commissaire de police de Douai : l'aveu s'en trouve tout au long parmi de puériles explications voulant être des excuses dans le tome XXIV de *Vers el Prose*, et nous l'enregistrons ici après coup. Quant à l'ordre « de charger la police du rapatriement sans frais » à lui donné par Madame Rimbaud nous croyons que M. Izambard serait bien empêché, et pour cause, de le produire dans son authenticité. Si nous insistons sur ces détails, c'est qu'indubitablement ce singulier ami de Rimbaud fournit partie de la matière des notes constituant la préface du *Reliquaire* (Genonceaux, édit.), « préface abominable », a dit Verlaine, préface qui vise à être spirituellement diffamatoire, qui n'est qu'imbécile, et qui cependant a été le point de départ des calomnies dont certains, incompréhensifs ou trop pressés de juger, ont voulu maculer la mémoire du poète des *Effarés*. M. Izambard d'ailleurs, s'il ne se permet plus d'injurier Arthur Rimbaud, ne s'est point encore départi de sa rancune envers la mère de celui-ci. (Cf. le tome de *Vers et Prose* en question et le *Mercure de France* du 16 décembre 1910.)
26. ↑ Paul Verlaine, les *Poètes maudits*.
27. ↑ *Revue d'Ardenne et d'Argonne*.
28. ↑ *Le poète Arthur Rimbaud*. M. Pierquin fut un ami de Rimbaud, un vrai, vers 1875-76.
29. ↑ Il serait instructif de rapprocher des *Assis* les *Poèmes aristophanesques*, d'ailleurs amusants, de M. Laurent Tailhade.
30. ↑ Ce qui, contre l'assertion de M. Izambard, prouve qu'il ne fut pas ramené de Douai de brigade en brigade.
31. ↑ Ce qui prouverait qu'elle n'avait pas donné l'ordre de le faire ramener administrativement.
32. ↑ *Une Saison en Enfer*.
33. ↑ *Une Saison en Enfer*.
34. ↑ La version que nous donnons ici de cette pièce, titre compris, est celle du manuscrit qu'en possède M. Louis Barthou. Elle est datée par Rimbaud de mai 1871 date de l'inspiration, incontestablement, puisque l'autographe dont il s'agit a été tracé à une époque postérieure au sonnet des *Voyelles*, de la même encre que celui-ci et sur le même papier à lettre utilisé au verso comme au recto. Tout cela, qui est matériel, offre encore la mesure du crédit qu'il convient d'accorder aux affirmations de M. Izambard produites

dans le tome de *Vers et Prose* cité précédemment, dans le numéro du *Mercure de France* du 16 décembre 1910 et dans celui (échos) du 16 janvier 1911.

35. ↑ À la fin d'un article paru dans le *Journal de Psychologie normale et pathologique* (novembre-décembre 1910), le docteur Lucien Lagriffe, étudiant les « deux aspects d'Arthur Rimbaud » du point de vue psychiatre et avec des préjugés démocratiques impertinents dès qu'il s'agit d'un vrai poète, regrette que le rôle de son sujet sous la Commune ne soit pas bien connu. Ce rôle se borne strictement à ce que nous venons de raconter ; il fut, comme on voit, plutôt négatif et ne saurait autoriser aucune supposition d'arrivisme ou de tout autre calcul du même genre. Mon Dieu ! que l'esprit égalitaire fait donc de tort à la pensée et à la science !
36. ↑ Œuvres de Jean-Arthur Rimbaud, p. 79.
37. ↑ Datées de juin 1871, sur le manuscrit qu'en possède M. Louis Barthou.
38. ↑ De l'examen du manuscrit des *Déserts de l'Amour*, possédé par M. Barthou, résulterait que cette première prose particulièrement est chose de premier jet, un brouillon, une ébauche. Rimbaud reprenait souvent ses poèmes, les modifiant chaque fois.

DEUXIÈME PARTIE

> Suis-je trompé ? La charité serait-elle sœur de la mort pour moi ?
>
> Sur la mer, que j'aimais comme si elle eût dû me laver d'une souillure, je voyais se lever la croix consolatrice. J'avais été damné par l'arc-en-ciel.
>
> A. R.

L'ADOLESCENCE

ILLUMINATIONS, UNE SAISON EN ENFER

À Paul Claudel.

I

Paul Verlaine nous a tracé la physionomie d'Arthur Rimbaud lors de son arrivée à Paris en octobre 1871. « C'était — dit-il dans des notes parues à la *Plume* du 15 novembre 1895 — une vraie tête d'enfant, dodue et fraîche, sur un grand corps osseux et comme maladroit d'adolescent qui grandissait encore et de qui la voix, très accentuée en ardennais, presque patoisante, avait ces hauts et ces bas de la mue. » Depuis son retour de la Commune, le jeune homme s'était, chez sa mère, repris en effet, peu à peu, de teint et de mine. Son costume, sans être celui d'un gommeux ni d'un godelureau de province, se présentait fort correct, fort honorable.

Durant le très court laps de temps qui avait séparé la date de la première lettre de Rimbaud de la date de son arrivée dans la capitale, l'auteur des *Poèmes saturniens* avait à ses amis du « Parnasse contemporain » parlé de la prodigieuse recrue qu'on allait faire il leur avait communiqué les poèmes si savoureux et si spéciaux du provincial, ainsi que ses missives décelant une âme aussi grande que singulière. On attendait avec curiosité la venue du pénétrant rimeur des Assis. Charles Cros en particulier, Charles Cros, l'inventeur avant tout le monde du téléphone, du phonographe et de la photographie des couleurs, et qui fut en même temps un délicat poète dont l'œuvre, le Coffret de Santal, a été par un palikare de goût[1] quelque peu pillée, Charles Cros avait admiré. Il voulut aller avec Verlaine saluer Rimbaud à la descente du train. Mais, soit malentendu, soit station prolongée en un café, ils arrivèrent trop tard à la gare. Ce ne fut que rue Nicolet, chez Verlaine, où le voyageur, au débarqué, s'était aussitôt rendu, qu'ils purent lui souhaiter la bienvenue. Accueilli par Madame Verlaine et la mère de celle-ci, Madame Mauté, il causait déjà à ces femmes un étonnement, par son aspect d'extrême jeunesse.

Selon un récit fort tendancieux et léger[2], Rimbaud, dès cette première entrevue, se serait montré insociable. À table, il aurait mangé goulûment et n'aurait pas daigné répondre aux questions posées avec amabilité sur son existence à Charleville et sur sa poétique. La raison de cette attitude serait pourtant bien simple, bien claire et il faut, vraiment, être dénué de tout bon sens, de toute bonne vue, pour la mal voir, pour la faussement expliquer. Nous l'avons déjà fait connaître, cette raison. Faut-il répéter que Rimbaud était dans sa phase d'adolescence, qu'il se développait extraordinairement dans sa taille, allant atteindre 1 m. 80, et que, comme à tous les garçons de son âge, il lui fallait une abondante alimentation. L'on sait, en outre, qu'il était timide paradoxalement et peu causeur. Là, dans cette maison bourgeoise, dans ce milieu artiste tout nouveau pour lui, il demeurait dans la crainte que Cros et Verlaine, ces Parisiens considérés comme des esprits supérieurs et qui l'étaient de fait, ces Parisiens désinvoltes parlant avec la plus grande aisance et avec rapidité un français si joli, ne se moquassent, devant ou derrière lui, de sa provinciale gaucherie, de son accent ardennais un peu traînard, de sa voix muante, de son parler lourd qu'il sentait bien ne pas correspondre à l'efflorescence vertigineuse de sa pensée.

Les moqueries redoutées ne devaient pas, d'ailleurs, manquer de se produire. Non ce jour-là, car les interlocuteurs étaient ou trop intelligents ou trop réservés ; mais dans la suite, lorsqu'il eut affaire avec les prétentieux imbéciles vivant de tout temps, à Paris, dans le sillage des hommes de valeur pas assez énergiques ou trop pauvres pour pouvoir s'isoler. Et cela devait faire, et cela fit que la timidité d'Arthur Rimbaud, loin de s'atténuer au commerce des gens de lettres, s'augmenta et s'aigrit. Il en avait conscience, de cette timidité il en saisissait le côté absurde il en souffrait d'autant plus.

Dès en présence de personnes non familières (et Rimbaud ne se familiarisait pas facilement), ou dont la mise était plus recherchée que la sienne, une intense rougeur lui montait au visage et, la fierté héritée de sa mère appréhendant le ridicule de ce mouvement sanguin, il en éprouvait toujours comme une humiliation. Cela le rendait muet, lui mettait un tic nerveux dans la face. En ces instants, il eût voulu positivement se trouver à cent pieds sous terre. Fantin-Latour, questionné sur les manières d'être de Rimbaud, nous a dit que, durant l'unique séance de pose obtenue pour le portrait dans le *Coin de Table,* il ne proféra pas une parole ; et le grand peintre, alors qu'en réalité il y avait dans l'attitude de son modèle tout simplement une colère contre soi-même et peut-être une souffrance de se trouver assis, immobile, son menton dans sa longue et forte main noueusement articulée et gonflée d'engelures, le grand peintre crut voir du dédain impatient sur ce juvénile visage contracté, au regard bleu-clair luisant et souriant, à la forte bouche rouge plissée d'amertume.

Le pavillon de la rue Nicolet, à Montmartre, où Rimbaud venait d'être accueilli, était la propriété et l'habitation du beau-père de Verlaine, M. Mauté de Fleurville, normand d'origine et notaire honoraire.

Après la défaite de la Commune, sous laquelle il avait rempli la singulière fonction de chef du bureau de la Presse à l'Hôtel de Ville, Verlaine, se croyant compromis et n'ayant pas réintégré son antérieur emploi de la Préfecture de la Seine, avait consenti, malgré des inquiétudes sur l'accord possible, à venir là réfugier son ménage. L'existence en commun avec les beaux-parents n'allait pas du tout d'harmonie. Verlaine s'adonnait à l'alcool ; M. Mauté était de mœurs ultra-bourgeoises et chicanouses.

À l'arrivée d'Arthur Rimbaud, l'ex-tabellion, qui n'eût pu se faire à l'idée d'héberger un artiste sans le sou, ne s'était heureusement pas trouvé chez lui, et, parti en voyage d'affaires, il ne devait rentrer que dans une quinzaine dé jours. Verlaine proposa de garder l'arrivant jusqu'à l'aboutissement des démarches en vue de lui assurer un logement chez des amis. Les dames acquiescèrent, à la condition que pour la rentrée du redouté chef de maison l'hôte serait ailleurs.

Mais il mangeait trop sans doute, au sens des Parisiennes, ce garçon d'Ardenne aux mains gourdes et pas assez mondain ! On le supporta mal, tout de suite. Le voyant gêné, et d'ailleurs heureux de fuir son maussade intérieur, Verlaine l'emmenait dans Paris et commençait à l'initier aux ivresses de l'absinthe.

Or, l'auteur des *Poèmes saturniens* s'intéressait de plus en plus aux conversations géniales et « prophétiques » de son hôte s'apprivoisant dans la rue, à ses manières toujours imprévues de douceur pénétrante et de force terrible, de « grâce croisée de violence nouvelle ». Rentré chez lui, il ne cachait pas son enthousiasme à sa femme. Celle-ci — est-ce perversité native ? est-ce malins propos ouïs de son mari ? est-ce antipathie pour la singularité de Rimbaud ? — en prit ombrage. Pourtant, a écrit Verlaine dans ses *Confessions*, « il ne s'agissait en principe non pas même d'une sympathie quelconque entre deux natures si différentes que celle du poète des *Assis* et la mienne, mais d'une admiration, d'un étonnement extrêmes en face de ce gamin de seize ans qui avait dès alors écrit des choses, a dit excellemment Fénéon, peut-être au-dessus de la littérature ».

Hélas ! il était fatal qu'un être aussi extraordinaire fût, au point de vue moral, dès l'abord méconnu. Verlaine, ne pouvant lui-même deviner toute la délicatesse et la noblesse cachées sous les dehors étranges de Rimbaud, ne garda pas, c'est certain, vis-à-vis de sa femme et de sa belle-mère, en présence du « gamin » toute la mesure convenable et qu'auraient exigée ses responsabilités. On rentrait quelquefois ivres à la maison. Dès la première scène entre les époux à son sujet, le commensal, révolté par ce genre inattendu d'avanie, quitta sans rien dire la rue Nicolet et s'en fut errer seul dans Paris.

Combien de jours resta-t-il ainsi de nouveau sans gîte, sans pain, en contact avec les pires misères citadines ? Nous ne saurions le dire au juste. Nous savons seulement, par ce que nous en a confié un jour Verlaine, que lorsque celui-ci, alarmé, plein de remords au sujet de la disparition de Rimbaud, et s'étant mis du reste à sa recherche, le rencontra par hasard dans la rue, sa bonne mine avait disparu. Il était hâve, haillonneux, couvert de vermine, et, mourant de faim et de froid, il se proposait de retourner à pied auprès de sa mère. L'on eût dit que la boue l'avait encore fait grandir ! Ses habits souillés et déchirés paraissaient à présent trop petits. Toute sa personne d'enfance calamiteuse et géante revêtait un aspect fantastique. C'était un ange de Memling dans les guenilles d'un Callot.

Je me revois — écrira-t-il dans *Une Saison en Enfer* au souvenir de cette détresse — la peau rongée par la boue et la peste, des vers plein les cheveux et les aisselles et encore de plus gros vers dans le cœur, étendu parmi les inconnus sans âge, sans sentiment... J'aurais pu y mourir... L'affreuse évocation ! J'exècre la misère.

Très ému de ce spectacle, Verlaine emmena tout de suite le miséreux se réconforter, en y employant les façons de spontanéité capables de toucher cet héroïque et farouche cœur. Puis, l'on s'en fut trouver Charles Cros et André Gill. Ceux-ci avisèrent, Verlaine les ayant quittés ; et ils décidèrent d'aller soumettre le cas à Théodore de Banville, leur aîné et leur maître.

L'accueil du poète des *Exilés* fut charmant. Il fit d'abord remarquer à ses visiteurs — nous racontons ceci d'après Stéphane Mallarmé[3], le tenant de Banville lui-même — que pour faire, comme ils disaient, du grand art, une chambre vant tout était nécessaire ; et il la loua aussitôt dans les combles de la maison habitée par lui, rue de Buci. Ensuite, madame de Banville meubla cette chambre d'un lit, d'une chaise, d'une table sur laquelle on prit soin de mettre du papier, de l'encre et des plumes. Et Rimbaud, un soir, vint s'y installer.

Les nuits précédentes, il avait couché dans les garnis ignobles environnant la place Maubert. Devant le lit immaculé, il fut saisi du scrupule d'y laisser traces de sa misère. Se dépouillant des lambeaux sordides qui le couvraient si mal, il en fit un paquet et les lança par dessus le toit en face de sa mansarde, au grand scandale, certes non escompté par lui, des bonnes de tous étages embusquées derrière les croisées de leurs cuisines et guettant les agissements du nouveau locataire dont le torse nu avait soudainement surgi de l'embrasure de sa fenêtre. Théodore de Banville, auquel on s'alla plaindre de pareille indécence, monta s'enquérir à la mansarde. « C'est, balbutia Rimbaud, tout surpris, tout rouge de confusion, que je ne puis fréquenter une chambre si propre, un lit si virginal, avec mes habits et ma chemise tout criblés de poux. » Le bon maître n'avait pas songé, jusque-là, que ce vagabond muet pût éprouver du dégoût pour ses haillons et peut-être tomber d'inanition. Il lui fit porter bien vite des habits de rechange et l'invita à partager son dîner.

Néanmoins, Rimbaud ne devait pas habiter plus de quelques jours la mansarde de la rue de Buci. Son vouloir de libres allures prit ombrage des chuchotements et des sourires commémoratifs du soir de son arrivée, sourires et chuchotements qu'en rentrant et sortant il surprenait aux physionomies des servantes rencontrées. Ne pouvant surmonter la sensation humiliante qu'il en éprouvait, dans cet escalier de service ; il résolut de ne plus reparaître à la maison.

L'exquise sollicitude de Théodore de Banville s'inquiéta de ne plus voir rentrer le trop sourcilleux poète. Elle s'informa. On lui dit que Rimbaud refusait catégoriquement de revenir habiter la chambrette. Charles Cros l'avait accueilli et logé dans son laboratoire. Madame de Banville y fit porter le lit et les autres menus meubles.

Il va sans dire qu'un être d'une telle susceptibilité d'âme et d'un pareil insouci matériel ne pouvait s'accommoder longtemps d'un gîte étranger, fût-ce celui offert par le meilleur et le plus désintéressé des amis.

On a dit sottement de Rimbaud qu'il était insupportable. Il était, au contraire, pour ses familiers, un charmeur ; et il fut toujours, à ce titre, recherché. Seulement, depuis l'aventure Izambard, le commerce avec les vaniteux lui devenait très pénible. Il redoutait d'eux d'inconscientes trahisons, leur préférait les purs idiots ; et c'est pourquoi, d'ailleurs, il ne fit pas long séjour dans le laboratoire de Cros, où, en même temps que lui, se trouvait hospitalisé un jeune et bellâtre peintre, de talent et d'intelligence médiocres.

Il alla demeurer, rue Racine, avec le génial et fantastique Cabaner, au cœur excellent. Puis, on le vit rue Victor-Cousin.

Enfin, se trouvant en possession d'une petite somme d'argent, il put, moyennant 12 frs. 50 demi-terme du loyer, aller occuper un domicile bien sien, rue Campagne-Première, à Montparnasse. Il y emménagea en janvier 1872, pour y rester jusqu'en avril suivant, date de son retour à Charleville.

Arrivé à Paris fin septembre 1871, il n'y aura donc demeuré que six mois. De sorte que, chez les littérateurs français comme partout ailleurs hors des Ardennes natales il ne fut, en définitive, qu'un passant ; un « passant considérable » a dit cet autre halluciné du verbe, Mallarmé.

Si l'on juge de la valeur d'une personnalité par le nombre et la durée des haines qu'elle suscite, il a fallu bien peu de temps à Rimbaud pour s'élever au-dessus de ses contemporains et provoquer leur envie, « l'envie aux yeux de basilic ». Jamais homme, à notre connaissance ne se sentit, en six mois d'existence, autant diffamé que cet adolescent vivant de privations dans une fièvre de génie. Jamais calomnies ne se répercutèrent avec plus de persistance que celles dont on voulut l'atteindre.

Aussi, malgré des traces laissées nombreuses et ineffaçables dans le souvenir d'une génération bruyante d'artistes, l'action d'Arthur Rimbaud à Paris est-elle demeurée jusqu'ici de signification obscure. On l'a comprise généralement mal souvent, pas du tout. On a systématiquement expliqué à côté. Puis, la lâcheté et l'hypocrisie s'en mêlant, on a volontiers commenté à rebours et propagé avec complaisance telles méchantes interprétations, devenues bientôt matière à gorges-chaudes. Pour un Paul Verlaine, un Charles Cros, un Raoul Ponchon, un Forain, un Cabaner, admirateurs, avec combien de vagues Parnassiens, destinés à asseoir leur médiocrité sur un rond de cuir ou sur un siège d'assemblée parlementaire ; avec combien de prétentieux photographes et de faux peintres, le natif et immense poète des *Illuminations* eut-il affaire, qui, à l'applaudissement de leurs pareils, outragèrent son orgueil légitime de dieu en haillons de leur suffisance bien mise d'imbéciles ?

Quand on sait la vie antérieure de Rimbaud, quand on songe à tout ce qu'il y avait de suprême et angélique ambition dans les visées de cet enfant de seize ans plus poète que jamais personne ne le fut, comme on sent, à y bien réfléchir, qu'il dut, en fin de compte, se complaire honoré par le mépris de gens qualifiant Villiers de l'Isle-Adam de crapule ou de raté ! Comme ensuite, poursuivant la réflexion, on comprend qu'il se soit parfois ingénié à les scandaliser en assumant le masque excessif de tout ce qui blessait leur pudibonderie de Prudhommes déguisés ! Lui, toute droiture, toute sincérité dans le génie et, d'ordinaire, si méditatif et clos, réservé incroyablement, comme, aux heures d'ivresse alcoolique, il dut jouir du spectacle de la terreur et du dégoût causés à ces pleutres par l'outrance et le paradoxe cyniques de ses gestes mystificateurs et de ses fausses confidences !

On lui fit d'abord, naturellement, une réputation d'ivrogne. Or Rimbaud, jusqu'ici, malgré qu'il eût déjà pensé à s'exciter l'esprit par des moyens artificiels, ignorait l'ébriété. Quelques gouttes d'absinthe, dans la crise mentale qu'il traversait, devaient suffire pour le mettre hors de soi. Nous venons de l'inférer : on le vit, dans ces moments d'ivresse, prendre une audace extrême de langage et devenir d'une violence extravagante d'invectives et de sarcasmes. Mais n'était-ce pas surtout, pour lui, revanche à sa folle timidité ? Et cela amusait Verlaine. Et cela amusait les rimeurs de rencontre, qui, tant qu'elles ne les atteignirent personnellement, trouvèrent drôles les ébriétés agressives de ce jeune homme si taciturne en sang-froid, et ne se firent point faute de l'abreuver, mais qui, dès que leur infatuation se vit l'objet direct des appréciations tranchantes du voyant, se mirent à le haïr de toute la malice venimeuse de leur âme de prudence et de lâcheté.

Ivrogne ? C'est bien vrai, oui, qu'il consentit, un temps, à attiser son feu intérieur en absorbant de l'alcool et du haschich ; mais cela, qui l'exaltait moins divinement que la contemplation de sa propre pensée, il le faisait, insistons-y, plus encore pour avoir l'occasion de stupéfier ses détracteurs que pour la jouissance égoïste, l'expérimentation d'extrêmes irritations des sens embrasant sa cervelle de visions tantôt amères et tantôt douces, soleils noirs et lunes blanches, fulgurances de malheur et de béatitude :

> Qu'est-ce pour nous, mon cœur, que les nappes de sang
> Et de braise, et mille meurtres, et les longs cris
> De rage, sanglots de tout enfer renversant
> Tout ordre ; et l'Aquilon encor sur les débris ;
>
> Et toute vengeance ? — Rien !... Mais si, toute encore,
> Nous la voulons ! Industriels, princes, sénats :
> Périssez ! Puissance, justice, histoire : à bas !
> Ça nous est dû. Le sang ! le sang ! la flamme d'or !
>
> Tout à la guerre, à la vengeance, à la terreur.

> Mon esprit tournons dans la morsure : Ah, passez,
> Républiques de ce monde ! Des empereurs,
> Des régiments, des colons, des peuples assez !
>
> Qui remuerait les tourbillons de feu furieux,
> Que nous et ceux que nous nous imaginons frères ?
> A nous, romanesques amis : ça va nous plaire !
> Jamais nous ne travaillerons, ô flots de feux !
>
> Europe, Asie, Amérique, disparaissez.
> Notre marche vengeresse a tout occupé,
> Cités et campagnes ! — Nous serons écrasés !
> Les volcans sauteront ! Et l'Océan frappé…
>
> Oh ! mes amis ! — Mon cœur, c'est sûr, ils sont des frères :
> Noirs inconnus, si nous allions ! Allons ! Allons…
> Ô malheur ! je me sens frémir, la vieille terre,
> Sur moi de plus en plus à vous ! la terre fond.

Nous croyons pouvoir, sans crainte de nous méprendre, attribuer ces vers de destruction, ce « vertige tourbillonnant dans un sarcasme féroce, à l'influence de l'absinthe. Ils ont été faits à Paris, dans un café et en présence d'amis, au commencement de 1872 ou plutôt fin 1871. Après coup, le poète, revenu au calme, y a ajouté, afin qu'on ne se méprît pas, ce commentaire ironique

> Ce n'est rien ; j'y suis, j'y suis toujours.

Voici maintenant un poème en prose, probablement composé après une absorption de haschich. On le doit dater du commencement de 1872, avril probablement, et il a été incontestablement écrit à Charleville. La phrase qui l'achève, ironique également, est un après-coup dicté par le souvenir d'une lecture de Thomas de Quincey. Il semble que Rimbaud vient d'éprouver pour la première fois la plénitude des effets du poison :

MATINÉE D'IVRESSE

Ô *mon* Bien ! Ô *mon* Beau ! Fanfare atroce où je ne trébuche point. Chevalet féerique ! Hourra pour l'œuvre inouïe et pour le corps merveilleux, pour la première fois ! Cela commença sous les rires des enfants, cela finira par eux. Ce poison va rester dans toutes nos veines, même quand, la fanfare tournant, nous serons rendus à l'ancienne inharmonie. Ô maintenant, nous si digne de ces tortures ! rassemblons fervemment cette promesse surhumaine faite à notre corps et à notre âme créés : cette promesse, cette démence ! L'élégance, la science, la violence ! On nous a promis d'enterrer dans l'ombre l'arbre du bien et du mal, de déporter les honnêtetés tyranniques, afin que nous amenions notre très pur amour. Cela commença par quelques dégoûts et cela finit — ne pouvant nous saisir sur-le-champ de cette éternité — cela finit par une débandade de parfums.

Rire des enfants, discrétions des esclaves, austérité des vierges, horreur des figures et des objets d'ici, sacrés soyez-vous par le souvenir de cette veille. Cela commençait par toute la rustrerie, voici que cela finit par des anges de flamme et de glace.

Petite veille d'ivresse, sainte ! quand ce ne serait que pour le masque dont tu nous as gratifié. Nous t'affirmons, méthode ! Nous n'oublions pas que tu as glorifié hier chacun de nos âges. Nous avons foi au poison. Nous savons donner notre vie tout entière tous les jours.

Voici le temps des Assassins.

Et les cancans des camarades allaient leur train de boules de neige, se grossissant, se salissant, se noircissant dans leur roulement à travers les rues du Quartier-Latin, de Montparnasse et de Montmartre. Victor Hugo, au cours d'une soiréeà laquelle, dès novembre 1871, Rimbaud fut convié, avait appelé « Shakespeare enfant » le poète du *Bateau ivre*. Carjat, le lendemain, l'avait voulu photographier pour sa collection des célébrités contemporaines. Fantin-Latour, en janvier 1872, l'avait voulu, à la grande fureur d'Albert Mérat, peindre dans son tableau pour le Salon : *Coin de Table*. Son génie, malgré qu'incompris, était évident et déjà illustre. Les subalternes de lettres en écumaient d'envie. À partir du jour où, après l'avoir grisé, ils s'entendirent qualifier par lui selon leur étiage, Arthur Rimbaud ne fut plus qu'un voyou, un brigand, un pédéraste !

Lui ne prévoyait pas quel calvaire la rancune de ces gens lui préparait ainsi. Ingénument, fondu dans son rêve gigantesque de beauté et de bonté, tout cœur et tout esprit, il les aimait en les malmenant. Il les aimait, sans doute aussi parce qu'ils lui faisaient goûter la félicité de l'opprobre.

II

Il ne faudrait pas croire, car ce serait commettre une grossière erreur, que les heures de Rimbaud, à Paris, s'écoulèrent dans les cafés. Sa nature s'opposait violemment à ce qu'il restât longtemps assis ; elle s'opposait également à ce qu'il fût jamais l'assidu de quelqu'un. Quand il ne parcourait pas, solitaire et intéressé, les rues kaléidoscopiques des quartiers si divers de la grande ville, promenades qu'il préférait à tout, il fréquentait aux bibliothèques et aux musées, toujours sans compagnie, si ce n'est au Louvre où, parfois, il rencontrait Forain, miséreux comme lui, chercheur comme lui de nouveautés esthétiques, contempteur comme lui des bourgeoisismes et ces deux gamins de génie, à l'esprit amer et infernal, tout en parcourant les galeries, noyaient de leur dérision, certes autorisée, qui les célébrités de la peinture moderne, qui les notoriétés actuelles de la littérature.

On doit, pour une part, attribuer aux premières visites dans les musées l'inspiration du sonnet des *Voyelles* et des *Chercheuses de Poux*. Rimbaud s'efforçait, dès lors, à réaliser en poésie une synthèse émotive au moyen d'un langage intéressant à la fois tous les modes de sentir ; et il y réussissait admirablement par ce tableau si musical, si bien quintuplement sensuel dans sa pureté harmonieuse

LES CHERCHEUSES DE POUX

Quand le front de l'enfant plein de routes tourmentes
Implore l'essaim blanc des rêves indistincts,
Il vient près de son lit deux grandes soeurs charmantes
Avec de frêles doigts aux ongles argentins.

Elles assoient l'enfant auprès d'une croisée
Grande ouverte où l'air bleu baigne un fouillis de fleurs
Et, dans ses lourds cheveux où tombe la rosée,
Promènent leurs doigts fins, terribles et charmeurs.

Il écoute chanter leurs haleines craintives
Qui fleurent de longs miels végétaux et rosés
Et qu'interrompt parfois un sifflement, salives
Reprises sur la lèvre ou désirs de baisers.

Il entend leurs cils noirs battant sous les silences
Parfumés ; et leurs doigts électriques et doux
Font crépiter parmi ses grises indolences
Sous leurs ongles royaux la mort des petits poux.

Voilà que monte en lui le vin de la Paresse,
Soupir d'harmonica qui pourrait délirer :
L'enfant se sent, selon la lenteur des caresses,
Sourdre et mourir sans cesse un désir de pleurer.

Dans les premiers moments de sa vie parisienne, après qu'il eut quitté la maison de Théodore de Banville et après la présentation à Victor Hugo, Rimbaud reçut de quelques admirateurs une aide pécuniaire. Mais ce subside, très restreint et d'ailleurs précaire, il ne toléra pas qu'on le lui servît longtemps. Se complaire redevable, en même temps qu'obligé, n'était point de son éducation ; cela, au surplus, l'eût gêné dans ses prétentions à la liberté totale. Il essaya, sans y réussir, de divers métiers, entre autres celui de camelot, en vendant sur le trottoir de la rue de Rivoli des anneaux pour la sureté des clefs, et celui de chroniqueur, en portant au *Figaro* des proses, qu'on mit alors au panier et qu'il serait aujourd'hui intéressant de connaitre, si l'on en juge par le titre de deux d'entre elles : *les Nuits blanches, le Bureau des Cocardiers*.

De sorte que l'existence menée par le jeune homme à Paris, durant ce semestre, fut, en général, celle effroyable de ces pauvres trop fiers pour demander secours, trop honnêtes pour commettre un quelconque larçin. Aussi, quoiqu'il crût avec une rapidité insolite et que cet état physiologique nécessitât, nous l'avons déjà dit, une surabondance d'alimentation, passa-t-il souvent des jours entiers, et même plusieurs jours de suite, sans manger. S'il dinait, c'était, la plupart du temps, de croûtes ramassées dans la rue ou de détritus des marchés. Avec un estomac garni de cette façon, étant donné que sa complexion trop nerveuse supportait mal la boisson, la moindre libation offerte par Cros ou Verlaine devait, c'est évident, le mettre en démence. Et cette constatation ne suffirait-elle point aussi pour ramener à leur valeur les anecdotes ressassées par ses ennemis et grossies par écho, tant celle du dîner des Vilains Bonshommes[4] que les autres ?

Ah, les haillons pourris, le pain trempé de pluie, l'ivresse, les mille amours qui m'ont crucifié ! Elle ne finira donc point cette goule reine de millions d'âmes et de corps morts et *qui seront jugés* !

s'écrira encore Rimbaud, dans *Une Saison en Enfer*, au souvenir de cette vie.

Cependant la haine calomniatrice s'acharnait contre lui. Ah, messieurs les arrivistes de lettres, futurs journalistes, il ne fait pas bon vivre parmi vous quand on est pauvre et qu'on a du talent ! Et la méchante réputation qu'on lui faisait poursuivra Rimbaud jusqu'au delà du tombeau, même quand l'histoire de sa vie l'aura montré dans sa vérité de noblesse. Il aurait excité, a-t-on prétendu, le fâcheux penchant du Pauvre Lélian[5] aux excès alcooliques. Répétons qu'avant de connaître Verlaine, Rimbaud ne s'était jamais grisé, et faisons remarquer qu'après sa rupture avec Verlaine il se déshabituera de boire en très peu de temps : ce sont là des faits qui ne peuvent, à cette heure, être contestés par personne. Nous savons en outre que, dès le commencement de 1872, c'est-à-dire six mois après son entrée en relations avec le poète des *Romances sans Paroles*, il touchera la lie de ces breuvages affolants et qu'il les prendra en dégoût. N'a-t-il pas, aux *Illuminations*, chansonné sa répugnance et démontré par là que si, à l'époque de son retour à Charleville, après Paris, il éprouvait des soifs, ce n'étaient déjà plus des soifs de vin et de spiritueux ? Il est, au surplus, prouvé que l'une des principales causes des dissentiments qui, plus tard, s'élevèrent à Londres entre les deux amis fut la véhémence des reproches faits par Rimbaud à Verlaine au sujet de son incorrigible ivrognerie.

Nous reproduirons ici les chansons auxquelles il vient d'être fait allusion. L'intérêt biographique présenté par elles nous y oblige conçues dans l'esprit de la chanson populaire et dans son rythme, elles forment comme le prélude, comme l'ouverture de « l'opéra fabuleux » que va devenir le poète. Puis, les éditions jusqu'ici parues des *Illuminations* les ont présentées selon une mauvaise distribution, avec des lacunes ; cela, non certes par la faute des éditeurs, mais parce que le manuscrit d'après lequel on les imprima en premier, des brouillons ou des copies sans doute, était mal en ordre et sans pagination. La version qu'on va lire nous est fournie par un manuscrit autographe daté de mai 1872[6] elle semble par son dispositif être la version initiale et apparaît aussi comme la plus complète et la mieux à la portée du public.

COMÉDIE DE LA SOIF[7]

1. LES PARENTS

Nous sommes tes Grands Parents,
Les Grands !

Couverts des froides sueurs
De la lune et des verdures.
Nos vins secs avaient du cœur !
Au soleil sans imposture
Que faut-il à l'homme ? boire.

MOI. — Mourir aux fleuves barbares.

Nous sommes tes Grands Parents
    Des champs.
L'eau est au fond des osiers :
Vois le courant du fossé
Autour du château mouillé.
Descendons en nos celliers
Après, le cidre et le lait.

MOI. — Aller où boivent les vaches.

Nous sommes les Grands Parents ;
    Tiens, prends
Les liqueurs dans nos armoires.
Le Thé, le Café, si rares,
Frémissent dans les bouilloires.
— Vois les images, les fleurs,
Nous rentrons du cimetière.

MOI. — Ah tarir toutes les urnes !

2. L'ESPRIT

Éternelles Ondines,
 Divisez l'eau fine.

Vénus, sœur de l'azur
 Émeus le flot pur.

Juifs errants de Norwège,
 Dites-moi la neige.

Anciens exilés chers,
 Dites-moi la mer.

MOI. — Non, plus ces boissons pures

Ces fleurs d'eau pour verres.
Légendes ni figures
 Ne me désaltèrent.
  Chansonnier, ta filleule
   C'est ma soif si folle,
    Hydre intime sans gueules
     Qui mine et désole.

3. LES AMIS

Viens, les Vins sont aux plages,
Et les flots par minions
Vois le Bitter sauvage
Rouler du haut des monts !

Gagnons, pèlerins sages,
L'Absinthe aux verts piliers.

MOI. — Plus ces paysages,

 Qu'est l'ivresse, Amis ?

 J'aime autant, mieux, même,
 Pourrir dans l'étang,
 Sous l'affreuse crème,
 Près des bois flottants.

4. LE PAUVRE SONGE

 Peut-être un Soir m'attend
 Où je boirai tranquille
 En quelque vieille Ville,
 Et mourrai plus content
 Puisque je suis patient !
 Si mon mal se résigne,
 Si jamais j'ai quelque or
 Choisirai-je le Nord
 Ou le Pays des Vignes ?…
 — Ah, songer est indigne

 Puisque c'est pure perte !
 Et si je redeviens
 Le voyageur ancien,
 Jamais l'auberge verte
 Ne peut bien m'être ouverte.

5. CONCLUSION

> Les pigeons qui tremblent dans la prairie,
> Le gibier, qui court et qui voit la nuit,
> Les bêtes des eaux, la bête asservie,
> Les derniers papillons !… ont soif aussi.
>
> Mais fondre où fond ce nuage sans guide,
> Oh ! favorisé de ce qui est frais !
> Expirer en ces violettes humides
> Dont les aurores chargent les forêts ?

Cela, disons-nous, a été écrit à Charleville en mai 1873, dans le même temps, par conséquent, que Verlaine écrivait à Paris les « Ariettes oubliées » des *Romances sans Paroles*. Nous verrons que les deux poètes se communiquaient alors, par correspondance, leurs essais. Rimbaud, au foyer austère de sa mère, après le supplice parisien, s'interrogeait ; il faisait un premier examen de conscience. La *Comédie de la Soif* n'est pas encore *Une Saison en Enfer*, mais c'est déjà bien immense de lassitude temporelle et d'aspirations hors du monde.

Dans la première de ces chansons, il se demande s'il pourrait adopter la vie de ses ancêtres terriens en le travail paisible et aisé, tout en buvant comme eux, aux heures de soif, les rafraîchissements admis ; et il se répond : non ! plutôt mourir que vivre ainsi, plutôt être une brute totale. Et il termine par le vœu d'épuiser les hanaps de la vie, d'approfondir tous les secrets de la mort.

Dans la seconde, il se demande s'il va revenir à la poésie courante, à l'esprit des légendes et des mythologies ; et il se répond : non ! car cela ne s'accorderait plus avec ses besoins idéaux. Les chants qu'il adopterait maintenant seraient plutôt ceux de la soif d'inconnu qui le torture si intimement.

Dans la troisième, il se demande s'il écoutera les appels de ses amis de Paris, qui l'invitent à venir continuer avec eux cette vie de bohème littéraire, pleine d'ivresses et d'hallucinations alcooliques ; et sa réponse est toujours : non ! Il préférerait à cela la consomption de son être dans l'immobilité, le sommeil de l'anéantissement.

Dans la quatrième, il émet cette hypothèse, qu'il lui arrivera un jour, étant rassasié de connaissance et las de souffrance, de vivre paisiblement dans un pays de son choix. Mais aussitôt il repousse l'hypothèse, la trouvant misérable et indigne de lui ; car il ne doit jamais espérer ni paix, ni satiété.

Dans la cinquième, il constate que parmi la nature toute la faune est mue par une soif de jouissances matérielles. En agissant comme les bêtes de toute espèce, il ne s'en différencierait point ; et, « étincelle d'orde la lumière *nature* », il conclut qu'il doit aller se confondre en l'extase et le mouvement des mondes supérieurs, ou bien aller expirer, comme Narcisse, dans l'épanouissement frais et fleuri de sa pensée muette et cachée.

Il nous serait aisé de poursuivre par d'autres citations, soit des *Illuminations*, soit d'*Une Saison en Enfer*, la démonstration du prompt renoncement à l'alcool. À quoi bon ? Personne n'ignore à présent que Rimbaud n'aurait su jamais s'attarder à quoi que ce fût, et que cela constitue peut-être la caractéristique essentielle de sa personnalité.

Revenons à son existence à Paris jusqu'en avril 1873, date à laquelle on sait qu'il regagna Charleville.

III

Arthur Rimbaud, donc, n'était pas de nature à se lier facilement. Il n'avait pas l'habitude, en dépit de la largesse de son cœur, de rechercher la compagnie de quiconque. Assurément, ce fut Verlaine, d'un caractère plus liant, plus lierre, qui rechercha la sienne.

Dans ce temps-là, sait-on, le ménage du poète de la *Bonne Chanson* n'allait pas du tout d'accord[8]. La vie auprès de sa femme, chez les hostiles beaux-parents, lui devenait pénible, le rendait maussade. Il n'y a rien d'étrange à ce qu'il ait été heureux, lui si vagant, de fuir les positifs reproches, lourds et menaçants de chicane, dont retentissait presque perpétuellement à son endroit le pavillon de l'ancien notaire, pour aller oublier ses chagrins matrimoniaux dans la compagnie du poète du *Baleau ivre*, dont la conversation lui ouvrait bien des fenêtres sur du rêve jusqu'alors inaperçu. Sa sensibilité intellectuelle, son sentimentalisme s'émouvaient fortement des spéculations métaphysiques, du sensorialisme et des ambitions linguistiques de Rimbaud.

Précisément, celui-ci s'ingéniait à une rénovation de l'art poétique tout entier. Il venait d'écrire le sonnet des

VOYELLES :

A, noir ; E, blanc ; I, rouge ; U, vert ; O, bleu : voyelles,
Je dirai quelque jour vos naissances latentes.
A, noir corset velu des mouches éclatantes
Qui bombinent autour des puanteurs cruelles,

Golfe d'ombre. E, candeur des vapeurs et des tentes,
Lance de glaçons fiers, rais blancs, frissons d'ombelles !
I, pourpres, sang craché, rire des lèvres belles
Dans la colère ou les ivresses pénitentes.

U, cycles, vibrements divins des mers virides ;
Paix des pâtis semés d'animaux ; paix des rides
Qu'imprima l'alchimie aux doux fronts studieux.

Ô, suprême clairon plein de strideurs étranges,
Silences traversés des Mondes et des Anges...
— Ô l'Oméga, rayon violet de ses yeux[9] !

—

L'étoile a pleuré rose au cœur de tes oreilles,
L'infini roulé blanc de ta nuque à tes reins ;
La mer a perlé rousse à tes mammes vermeilles,
Et l'Homme saigné noir à ton flanc souverain...

Et Verlaine, en l'esprit duquel dormaient des virtualités de révolte prosodique, s'excitait, se suscitait sous le fouet de tant de puissance sensorielle et d'originalité mentale.

Le sonnet des *Voyelles*, les *Chercheuses de Poux* avaient été le premier coup de mine dans la disposition intérieure de l'édifice technique du Parnasse. Ce coup de mine, en ébranlant les cloisons et les charpentes, devait logiquement amener l'écroulement des façades. Les rythmes fixés de la versification banvillesque, rythmes traditionnels pour la plupart, ne pouvaient plus contenir ou loger à l'aise la somme de vie lyrique qu'entendait promouvoir Rimbaud. Il nous a dit qu'il trouvait alors dérisoires les célébrités de la poésie moderne, depuis Victor Hugo jusqu'à y compris Catulle Mendès, et qu'il préférait à cette poésie la littérature démodée, les contes de fées et la chanson populaire. Après avoir inventé la couleur des voyelles, il lui fallait « régler la forme et le mouvement de chaque consonne » et, étant ainsi maître de l'assonance et de l'allitération, chercher, dans son instinct, de nouveaux rythmes. Nous savons bien qu'il se moquera plus tard, bientôt, — quelle est celle de ses créations dont cet esprit si vertigineusement évolutif ne se gaussera pas ? — de ces ambitions littéraires ; mais il les eut en toute fermeté de conviction et les réalisa dans une mesure plus grande qu'il ne devait le croire lui-même. Il parvenait, dit Verlaine, à des miracles « de ténuité, de flou vrai, de charmant presque inappréciable à force d'être grêle et fluet ». Cela est vrai, si l'on ne considère que l'extérieur, l'immédiatement appréciable de poèmes tels que *Éternité* et

Chanson de la plus haute Tour ; mais si l'on s'attache au fond, on s'aperçoit qu'ils sont, au contraire, d'une singulière intensité de pensée et d'une terrible précia'ion verbale.

Écoutez ces vers de onze syllabes, sans césure, à combinaison nouvelle de rimes à peine distinctes : ils sont d'avant les *Romances sans Paroles* et l'*Art poétique* de Verlaine ; l'indécision en la précision de la fuite de l'âme, et de quelle âme ! s'y surprend singulièrement dans combien plus de vertu particulariste et de musique rare

LARME

Loin des oiseaux, des troupeaux, des villageoises,
Je buvais, accroupi dans quelque bruyère
Entourée de tendres bois de noisetiers,
Par un brouillard d'après-midi tiède et vert.

Que pouvais-je boire dans cette jeune Oise,
Ormeaux sans voix, gazon sans fleurs, ciel couvert.
Que tirais-je à la gourde de colocase ?
Quelque liqueur d'or, fade et qui fait suer !

Tel, j'eusse été mauvaise enseigne d'auberge.
Puis l'orage changea le ciel, jusqu'au soir.
Ce furent des pays noirs, des lacs, des perches,
Des colonnades sous la nuit bleue, des gares.

L'eau des bois se perdait sur des sables vierges,

Le vent, du ciel, jetait des glaçons aux mares…
Or ! tel qu'un pêcheur d'or ou de coquillages,
Dire que je n'ai pas eu souci de boire !

Écoutez encore ceux-ci, de sonorités plus noires dans le mouvement musical, différant à chaque strophe :

LA RIVIÈRE DE CASSIS

La Rivière de Cassis roule ignorée
    En des vaux étranges :
La voix de cent corbeaux l'accompagne, vraie
    Et bonne voix d'anges :
Avec les grands mouvements des sapinaies
    Quand plusieurs vents plongent.

Tout roule avec des mystères révoltants
    De campagnes d'anciens temps :
De donjons visités, de parcs importants :
    C'est en ces bords qu'on entend
Les passions mortes des chevaliers errants :
    Mais que salubre est le vent !

Que le piéton regarde à ces clairevoies :
    Il ira plus courageux.
Soldats des forêts que le Seigneur envoie,
    Chers corbeaux délicieux !
Faites fuir d'ici le paysan matois
    Qui trinque d'un moignon vieux.

Verlaine a dit aussi de ces poèmes de Rimbaud qu'ils étaient des vers faux exprès. À notre humble avis, cela n'est pas possible. C'est le fond, ici, qui commande la forme, évidemment. L'irradiation part du centre et dépasse la circonférence à son gré, s'il importe. Et l'on peut comparer, n'est-ce pas ? la poésie à la lumière, au feu — s'il fallait faire ressembler les poèmes parnassiens à un globe astral de cercle délimité, il faudrait bien faire ressembler les poèmes rimbaldiens de 1872 au rayonnement illimité des étoiles car, en effet, ils sont plus lointains, plus avant dans l'infini. Non, ce ne sont pas là des vers faux exprès. Ce sont des vers se libérant, rompant la muraille qui les encerclait.

Et les innovations prosodiques de Rimbaud iront crescendo, nécessairement et vite, jusqu'à la création entière du vers libre qui amènera, logiquement, la prose inouïe des *Illuminations*.

BONNE PENSÉE DU MATIN

À quatre heures du matin, l'été,
Le sommeil d'amour dure encore.
Sous les bosquets l'aube évapore
    L'odeur du soir fêté.

Mais là-bas dans l'immense chantier
Vers le soleil des Hespérides,
En bras de chemise, les Charpentiers
    Déjà s'agitent.

Dans leur désert de mousse, tranquilles,
Ils préparent les lambris précieux
Où la richesse de la Ville
    Rira sous de faux cieux.
Ah pour ces Ouvriers charmants
Sujets d'un roi de Babylone,

Vénus laisse un peu les Amants,
  Dont l'âme est en couronne.

Ô Reine des Bergers !
Porte aux travailleurs l'eau-de-vie.
Pour que leurs forces soient en paix
En attendant le bain dans la mer, à midi.

MOUVEMENT

Le mouvement de lacet sur la berge des chutes du fleuve,
Le gouffre à l'étambot,
La célérité de la rampe,
L'énorme passade du courant
Mènent par les lumières inouïes
Et la nouveauté chimique
Les voyageurs entourés des trombes du val
Et du strom.

Ce sont les conquérants du monde
Cherchant la fortune chimique personnelle
Le sport et le confort voyagent avec eux ;
Ils emmènent l'éducation
Des races, des classes et des bêtes sur ce vaisseau :
Repos et vertige
A la lumière diluvienne,
Aux terribles soirs d'étude.

Car de la causerie parmi les appareils, le sang, les
    fleurs, le feu, les bijoux,
Des comptes agités à ce bord fuyard,
On voit, roulant comme une digue au delà de la route
    hydraulique motrice,
Monstrueux ; s'éclairant sans fin, leur stock d'études ;
Eux chassés dans l'extase harmonique
Et l'héroïsme de la découverte.

> Aux accidents atmosphériques les plus surprenants,
> Un couple de jeunesse s'isole sur l'arche,
> — Est-ce ancienne sauvagerie qu'on pardonne ? —
> Et chante et se poste.

Est-ce que, au point de vue technique, tous les essais de vers libres produits depuis la publication, en 1886, des *Illuminations*, ne tiennent pas entre ces deux poèmes-là ? Nous ne parlons pas du fond, qui est inimitable et d'une émotion unique, aussi bien dans le premier, simple rêverie, que dans le second, évocation grandiose du voyage maritime que Rimbaud et Verlaine feront ensemble d'Anvers à Londres, au mois de mai 1873. A-t-on jamais plus magiquement que dans ce *Mouvement* figuré le rythme d'un vaisseau partant, voguant, accostant ?

Loin de nous la pensée de vouloir diminuer en rien le mérite des poètes ayant, par la suite, adopté cette nouvelle prosodie et qui, du reste, reconnaissent en Rimbaud leur précurseur. Ils ont, conscients, promulgué les lois de cette découverte et l'ont triomphalement appliquée : de même que le grammairien formule les préceptes d'une langue qu'il n'a point créée et peut la parler en toute sûreté. Pourtant, lorsque l'auteur d'*Une Saison en Enfer* émet ceci, qu'après avoir inventé la couleur des voyelles il doit trouver des rythmes instinctifs où seront réglés la forme et le mouvement des consonnes, est-ce qu'il ne donne pas la théorie totale du vers libre ? Rendons à César ce qui appartient à César, et à Dieu ce qui appartient à Dieu.

Mais, en 1872, les temps n'étaient pas venus d'admettre ce nouvel art poétique. On était trop près de Leconte de Lisle et de Théodore de Banville. Personne n'aurait osé épouser, en leur audace entière, les doctrines de Rimbaud. Il a fallu que passassent sur leur éclosion trois lustres, durant lesquels elles dormirent dans les limbes de l'inédit et le silence des hommes de lettres, pour qu'une nouvelle génération de poètes s'en éprît et les fécondât.

Verlaine lui-même, bien que séduit, était encore trop possédé par la technique parnassienne. Il s'était servi de cette méthode poétique avec une grande adresse, et en avait obtenu des résultats fort appréciés. Certes, au fond, il était d'avis de chercher du nouveau. Néanmoins, les succès d'estime remportés par les *Fêtes galantes* et *la Bonne Chanson* le faisaient reculer prudemment devant une modification aussi violente de la prosodie. Aussi bien, ne s'assimila-t-il les théories de son ami que dans la mesure où elles pouvaient lui fournir encore plus d'adresse et d'originalité ; et il se trouve que, pour si peu qu'il s'en soit assimilé, cela suffit pour faire de lui un chef d'école et un grand lyrique. Dans son *Art poétique*, auquel il a été déjà fait allusion plus haut, il nous a donné la nomenclature des réformes acceptées. Elles s'adaptent merveilleusement à sa nature de souplesse et de douceur félines. — Il lui faut de la musique avant toute chose, des romances sans paroles en un mot. Pour arriver à ce résultat, il emploiera de préférence, comme son maître actuel, le nombre impair ; mais ses vers resteront symétriques. Il choisira des termes, non pas hallucinés, mais imprécis, équivoques, donnant lieu à la méprise il préférera la nuance à la couleur, bannira l'ironie, évitera la rhétorique et la rime riche. Et il conclut par une description générale du vers où il est impossible à toute intelligence loyale de ne pas reconnaître l'inspiration de Rimbaud :

> Que ton vers soit la chose envolée
> Qu'on sent qui fuit d'une âme en allée
> Vers d'autres cieux à d'autres amours.
> Que ton vers soit la bonne aventure
> Éparse au vent crispé du matin
> Qui va fleurant la menthe et le thym...
> Et tout le reste est littérature.

IV

Cependant, d'étranges bruits couraient dans Paris sur la qualité de l'affection éprouvée par Verlaine à l'égard de son jeune ami. Aux réunions des cénacles, les appréciations les plus odieuses touchant les mœurs des deux poètes furent d'abord chuchotées, puis à haute voix émises et colportées de cabarets en cafés. On disait qu'au point de vue sexuel, Rimbaud avait des goûts dépravés et que Verlaine était mû vers lui par une honteuse passion. On ajoutait — suprême sottise — que cette passion, en affaiblissant les facultés intellectuelles de l'auteur des *Fêtes galantes*, était cause de la mauvaise tenue des vers qu'il faisait à présent. Or, ces vers étaient les « ariettes » des *Romances sans Paroles.*

Un rapport de police, figurant au dossier du procès de Bruxelles dont nous parlerons plus loin, s'est fait l'écho de ces grossières et mauvaises interprétations. Tout le monde, à peu près, sait comment sont menées les enquêtes de la police parisienne. L'enquêteur, un individu de mentalité fruste et soumise auquel on a ordonné de trouver des indices corroborant l'imputation qui a motivé la mise en mouvement de la justice, se présente et informe chez les concierges, chez les petits boutiquiers, provinciaux enclins à la médisance et tout à fait incapables d'estimer à leur valeur significative les manières d'être, les gestes et les propos des personnes cultivées et d'une intelligence au-dessus de la moyenne populaire. Ce qu'il en rapporte ne peut être que suspect, sinon erroné. Pourtant, les tribunaux en font état.

Dans le cas particulier de l'enquête sur Verlaine et Rimbaud, il se peut que la belle-famille de celui-là ait été appelée à fournir des matériaux à l'information ; ainsi que certains camarades de Verlaine, ennemis de Rimbaud. En haut lieu administratif, on n'aurait dû tenir compte non plus de ces dépositions, ni, à plus forte raison, les transmettre à une juridiction étrangère pouvant s'en autoriser pour une condamnation sévère envers un malheureux écrivain en posture d'être soupçonné déjà de participation aux faits de la Commune. Car les Mauté, juste à ce moment, intentaient contre Verlaine le procès en séparation, et les amis du Parnasse se trouvaient encore sous l'émotion immédiate des sarcasmes et des invectives de Rimbaud. Dans ces conditions, ils n'offraient, les uns et les autres, aucune garantie d'impartialité.

En nous basant sur le plus irrécusable des témoignages, celui de Verlaine libre, qui était bien l'homme le moins dissimulé sous le rapport des mœurs, nous avons affirmé, à maintes reprises, la gratuité dans les faits de tout le tapage de sodomie produit autour de cette liaison. Ici, nous allons essayer de présenter des observations démonstratives. La tâche est délicate, difficile. Rien n'est plus ardu que la démonstration de la vérité. Le lecteur, nous ayant fait au préalable l'honneur de croire que nous ne parlons sous l'empire d'aucun préjugé ou parti-pris, voudra nous prêter son attention.

La différence d'humanité entre les deux poètes était grande il faut l'établir au point où nous en sommes de cette étude, c'est-à-dire à l'heure où ils se trouvent réunis.

En 1872, Rimbaud avait dix-sept ans ; Verlaine en avait vingt-huit. La physionomie de celui-ci présentait, au regard vulgaire, de la laideur le visage de celui-là, « visage parfaitement ovale d'ange en exil », était d'une beauté et d'une juvénilité attirantes ; et, tandis que l'un ne paraissait, par ses traits, qu'un enfant, l'autre marquait, d'aspect, plus que son âge. Quoi d'étonnant à ce que, tes voyant amis, la malveillance du commun se soit basée sur ces apparences pour conclure de leur camaraderie ce que l'on sait ? Au reste, Rimbaud et Verlaine ayant eu, ou plutôt croyant avoir eu à souffrir par les femmes, ne se gênaient pas, aux moments surtout d'ébriété ou de paradoxe, pour clamer leur mépris, certes affecté, à l'égard du sexe féminin. On peut supposer aussi, en cequi concerne particulièrement Rimbaud, que son état de virginité corporelle, son dégoût des vulgarités, son actuel amoralisme, ou, mieux, sa volonté de vivre par l'esprit au-dessus de la morale, l'aient poussé à tenir des propos compromettants. Pourtant, au point de vue matériel : d'homosexualité, il n'en était absolument rien ; il n'en pouvait, nous allons voir, rien être.

Car, s'il est vrai que les impressions, chez Verlaine, montaient par les sens au cerveau pour redescendre aussitôt au cœur et, par le sang, se répandre furieusement dans toute la chair, il n'est pas moins vrai que, chez Rimbaud, elles arrivaient au cerveau pour s'y embraser et s'y consumer sur place. L'un, celui-ci, était un cérébral ; l'autre, celui-là, était un cardiaque. L'un était chaste impérieusement ; l'autre était passivement luxurieux ; l'un était spiritualiste, l'autre sentimentaliste. Tous ceux qui ont été mis à même d'observer Rimbaud, et Verlaine tout le premier, savent qu'en dépit de son imagination sensuelle il éprouvait la plus grande répulsion pour l'œuvre de chair ; ajoutons qu'il ne pouvait sans souffrance subir d'autrui le moindre attouchement[10]. L'auteur de *Parallèlement*, au contraire, recherchait tout cela.

Dans un très beau poème, *Crimen amoris*[11], que Verlaine, parmi les volutes de sa songerie et des contingences de regret, va bientôt écrire dans sa prison des Petits-Carmes à Bruxelles, l'auteur des *Illuminations*, sous un prétexte vaguement diabolique, est évoqué très ressemblant. Nous citerons ici quelques strophes de ce poème, en soulignant les passages les plus objectifs. On y verra non seulement agir Rimbaud dans le monde littéraire, mais encore on l'entendra préciser le sens très pur, très large, qu'en opposition à son entourage luxurieux il donnait au mot Amour.

> Dans un palais, soie et or, dans Ecbatane,
> De beaux démons, des satans adolescents,
> Au son d'une musique mahométane
> Font litière aux Sept Péchés de leurs cinq sens...
>
> Or, le plus beau d'entre tous ces mauvais anges
> Avait *seize ans* sous sa couronne de fleurs.
> Les bras croisés sur les colliers et les franges,
> Il rêve, *l'œil plein de flammes et de pleurs.*
>
> En vain la fête autour se faisait plus folle,
> En vain les satans, ses frères et ses sœurs,
> Pour l'arracher au souci qui le désole,
> L'encourageaient d'appels de bras caresseurs :
>
> *Il résistait à toutes câlineries,*
> *Et le chagrin mettait un papillon noir*
> A son cher front tout brûlant d'orfèvreries
> *Ô l'immortel et terrible désespoir !*
>
> Il leur disait : « *Ô vous, laissez-moi tranquille !* »
> Puis les ayant baisés tous bien tendrement

Il s'évada d'avec eux d'un geste agile,
Leur laissant aux mains des pans de vêtement.
Le voyez-vous sur la tour la plus céleste
Du haut palais avec une torche au poing ?
Il la brandit comme un héros fait d'un ceste
D'en bas on croit que c'est une aube qui point.

Qu'est-ce qu'il dit de sa *voix profonde et tendre*
Qui se marie au claquement clair du feu
Et que la lune est extatique d'entendre ?
— « *Oh, je serai celui-là qui créera Dieu !*

« Nous avons tous trop souffert, anges et hommes,
De ce conflit entre le Pire et le Mieux.
Humilions, misérables que nous sommes,
Tous nos élans dans le plus simple des vœux.

« Ô vous tous, ô nous tous, ô les pécheurs tristes,
Ô les gais Saints pourquoi ce schisme têtu ?
Que n'avons-nous fait, en habiles artistes,
De nos travaux la seule et même vertu !

« Assez et trop de ces luttes trop égales
Il va falloir qu'enfin se *rejoignent les*
Sept Péchés aux Trois Vertus Théologales !
Assez et trop de ces combats durs et laids !

« Et pour réponse à Jésus qui crut bien faire
En maintenant l'équilibre de ce duel,
Par moi l'Enfer dont c'est ici le repaire
Se sacrifie à l'Amour universel ! »…

Chez Verlaine comme chez Rimbaud, pris isolément, il y avait au point de vue anatomique une singulière contradiction. La structure virile, athlétique de l'adolescent démentait son visage enfantin, presque féminin ; la structure molle et quasi féminine de l'homme fait contrastait avec son masque de vieux faune. On sait, d'autre part, que Rimbaud, à dix-sept ans, possédait la conscience intellectuelle d'un homme mûr, et que Verlaine, à vingt-huit ans, demeurait l'enfant qu'il devait toujours être. Il n'est pas jusqu'à leur manière d'agir qui ne fût, chez chacun, contradictoire de l'apparence. L'adolescent au visage de fillette montrait une énergie directe de héros ; l'homme fait, malgré sa tête de Barbare, présentait une langueur flottante de femme sinueuse. Le *Bateau ivre*, conçu à seize ans, c'est l'audace dans la force ; *Sagesse*, écrit à trente ans, c'est la prostration dans la crainte. Quant aux rapports sociaux : Rimbaud, de visage amène, fuyait généralement autrui ; Verlaine, de physionomie farouche, se mourait dans la solitude. L'un et l'autre, diront les psycho-physiologistes, furent des anormaux. Le génie est toujours anormal.

Que l'admiration poétique de Verlaine ait pu dégénérer en affection passionnelle : il serait hasardeux d'en disconvenir. Son tempérament, en somme, l'y portait, et peut-être aussi l'excitation que lui constituaient, à cette époque, les interprétations des camarades et de sa belle-famille. Mais, dans les raisons attachant Rimbaud à Verlaine, il n'y eut, il ne pouvait jamais y avoir autre chose qu'une sympathie spirituelle, la fraternité d'un génie en action pour un génie virtuel, la pitié d'une âme précocement libérée envers une âme souffrant encore des liens sociaux, et la volonté, en surcroît, de se créer un disciple avec cette nature vibrante et délicate, mais hé !as trop faible et menaçant de se rompre comme une corde trop mince aux tensions trop fortes de la vie civile.

Aussi bien, dès février 1872, lorsqu'il crut s'apercevoir du caractère équivoque pris peu à peu par l'amitié de Verlaine éloigné du lit conjugal, Rimbaud prit la détermination de quitter Paris et de retourner près de sa mère, dans les Ardennes.

Depuis le dernier départ de son fils, Madame Rimbaud, dans le prolongement insolite de la séparation, s'anéantissait de chagrin. Elle ne savait où se trouvait le fugitif.

Un matin de la fin de cet hiver, il lui arriva de Paris une lettre anonyme, la renseignant de façon déplorable, mais levant tout de même un peu de son Inquiétude. Il était dit, dans ce papier suspect, qu'Arthur s'enivrait ; que ses ivresses causaient du scandale rue Campagne-Première, où il avait son domicile ; qu'il paraissait être en train de mal tourner ; que c'était grand dommage, et que sa mère, pour l'arracher aux mauvaises fréquentations, ferait bien de le rappeler au foyer de famille. Qui avait adressé cette lettre ? On ne le sut jamais, au juste. L'impression de Madame Rimbaud fut qu'elle émanait de son fils lui-même, dont l'amour-propre aurait cru déchoir à demander ouvertement les subsides nécessaires au retour par chemin de fer.

L'instinct maternel était-il en défaut ? Il faudrait croire que non, puisque, dès en possession des fonds contenus dans l'objurgatrice lettre écrite aussitôt par sa mère, Rimbaud, quittant la capitale avec bonheur, alla prendre le train à la gare de l'Est[12].

V

Quelle impression générale rapportait-il de ses six mois d'existence à Paris ? Nous pouvons assurer que ce fut de l'écœurement, de la désolation.

L'arrivisme obséquieux de quelques-uns des littérateurs rencontrés, lesquels ne répugnaient point à poursuivre de leur galanterie intéressée les femmes susceptibles, à quelque titre que ce fût, de s'entremettre en leur faveur, l'avait, par dessus tout, révolté.

> J'ai eu raison — écrira-t-il dans *Une Saison en Enfer* — de mépriser ces bonshommes qui ne perdraient pas l'occasion d'une caresse, parasites de la propreté et de la santé de nos femmes, aujourd'hui qu'elles sont si peu d'accord avec nous. J'ai eu raison dans tous mes dédains, puisque je m'évade.

Ah ! certes, il les avait dédaignés et méprisés. Il ne leur avait célé, même, ni son dédain ni son mépris. Ces messieurs ne le lui pardonnèrent jamais, et s'en vengèrent bassement. Mais depuis quand l'homme de génie n'a-t-il plus le droit de dédaigner, de mépriser les imbéciles, les pignoufs et les pleutres (ce sont les propres expressions de Rimbaud) ? Nous demandons cela aux écrivains de la génération suivante qui, trop pressés de juger, crurent devoir s'autoriser des rages pédagogiques et parnassiennes pour propager des monstruosités sur le compte du grand, du pur, de l'absolu poète envers lequel ils sont, pour la plupart, redevables, soit directement, soit à travers Verlaine, d'une forte part de leur talent.

Au cours du printemps de 1872, à Charleville, Rimbaud se complut a vivre isolé, presque misanthrope. Rencontrait-il, par hasard, quelque ami de collège ? Il s'ingéniait à l'écarter en lui tenant des propos bouleversant toute morale acquise. De plus en plus visionnaire, plongé presque continuellement dans une muette rêverie, par les rues, par la campagne, à travers les forêts et parmi les rochers, à grandes enjambées il allait, sans paraître s'intéresser à rien de réel. Ses regards d'extase, doux et terribles à la fois, bleus de ciel et bleus d'acier, fixés sur l'Infini en même temps que fondus dans les flammes de sa pensée crépitante de forces destructrices et débordante de puissance créatrice, fascinaient les êtres se plaçant sous leur rayonnement et qui, éloignés, gardaient de ce contact lumineux une crainte sacrée.

À la maison, sa mère, si énergiquement active et qui savait son fils tel, lui faisait quelquefois, non sans une appréhension, reproche au sujet de son apparente oisiveté. Il répondait, d'une voix de volonté sanglotante, qu'il travaillait beaucoup, au contraire, et que son travail, encore que travail de pensée, était des plus exténuants.

— Mais cela ne mène pratiquement à rien, faisait observer Madame Rimbaud.

— Tant pis répondait-il j'écris : IL LE FAUT !

Et, en effet, la nuit, dans sa chambre, il « brassait son sang » noter en prose ses illuminations : *Enfance, Ornières,* etc. ; à composer ses poèmes en vers libres, ses chansons : *Larme, la Rivière de Cassis, Bonne Pensée du Matin, Patience, Jeune Ménage, Michel et Christine,* Mémoire, Entends comme brame, Comédie de la Soif, Chanson de la plus haute Tour, Éternité. À Paris, il venait d'écrire : *Barbare, Mystique, Après le Déluge, Fleurs, Aube, Scènes, Qu'est-ce pour nous mon cœur,* etc. Il écrira bientôt, soit à Bruxelles, soit à Londres, soit à Charleville *Âge d'Or, Ô Saisons ô Châteaux, Fêtes de la Faim, Génie, Solde, Jeunesse, Guerre, Villes, Métropolitain, Promonloire, Parade, Conte,* etc. C'est donc l'époque qui montre la phase la plus pleine et la plus éblouissante de son génie littéraire. Il y atteint des hauteurs inconnues, en France, jusqu'à lui. C'est vraiment l'infini de la pensée, dans la profondeur aussi. Cela donne au lecteur le vertige. Et quant à la langue, et quant au style, « flammes et cristal, diamant, fleuves et fleurs et grandes voix de bronze et d'or », ils sont la magnificence même, avec leurs facettes omnicolores. Jamais personne n'a autant fait exprimer à la parole. Quelle densité d'idées ! Quelle intensité de vision dans le surnaturel On est aveuglé par tant de luminosité. Rimbaud, le Rimbaud des *Illuminations*, c'est Pascal doublé du saint Jean de l'Apocalypse. Plus encore : c'est l'Esprit lui-même, paganisme et christianisme confondus. Vraiment, comme l'a émis la froide perspicacité de Félix Fénéon, cela est au-dessus de toute littérature.

GÉNIE

Il est l'affection et le présent puisqu'il a fait la maison ouverte à l'hiver écumeux et à la rumeur de l'été – lui qui a purifié les boissons et les aliments — lui qui est le charme des lieux fuyants et le délice surhumain des stations. — Il est l'affection et l'avenir, la force et l'amour que nous, debout dans les rages et les ennuis, nous voyons passer dans le ciel de tempête et les drapeaux d'extase.

Il est l'amour, mesure parfaite et réinventée, raison merveilleuse et imprévue, et l'éternité : machine aimée des qualités fatales. Nous avons tous eu l'épouvante de sa concession et de la nôtre : ô jouissance de notre santé, élan de nos facultés, affection égoïste et passion pour lui, — lui qui nous aime pour sa vie infinie…

Et nous nous le rappelons et il voyage… Et si l'Adoration s'en va, sonne, sa promesse sonne : « Arrière ces superstitions, ces anciens corps, ces ménages et ces âges. C'est cette époque-ci qui a sombré ! »

Il ne s'en ira pas, il ne redescendra pas d'un ciel, il n'accomplira pas la rédemption des colères des femmes et des gaietés des hommes et de tout ce Péché : car c'est fait, lui étant, et étant aimé.

Ô ses souffles, ses têtes, ses courses la terrible célérité de la perfection des formes et de l'action.

Ô fécondité de l'esprit et immensité de l'univers !

Son corps ! le dégagement rêvé, le brisement de la grâce croisée de violence nouvelle !

Sa vue, sa vue ! tous les agenouillages anciens et les peines *relevées* à sa suite.

Son jour ! l'abolition de toutes souffrances sonores et mouvantes dans la musique plus intense.

Son pas ! les migrations plus énormes que les anciennes invasions.

Ô lui et nous ! L'orgueil plus bienveillant que les charités perdues.

Ô monde ! et le chant clair des malheurs nouveaux !

Il nous a connus tous et nous a tous aimés : sachons, cette nuit d'hiver, de cap en cap, du pôletumultueux au château, de la foule à la plage, de regards en regards, forces et sentiments las, le héler et le voir, et le renvoyer, et, sous les marées et au haut des déserts de neige, suivre ses vues, — ses souffles, — son corps, — son jour.

Et quand il s'est ainsi, pour ainsi dire, lui-même objectivé ; qu'il a, en pleine joie, décrit son pouvoir, il se retourne vers les hommes, et, non sans raillerie, leur offre ses créations dontt il voudrait bien enfin — le pauvre — tirer quelque matériel profit :

SOLDE

À vendre ce que les Juifs n'ont pas vendu, ce que noblesse ni crime n'ont goûté, ce qu'ignore l'amour maudit et la probité infernale des masses ! ce que le temps ni la science n'ont pas à reconnaître

Les Voix reconstituées ; l'éveil fraternel de toutes les énergies chorales et orchestrales et leurs applications instantanées l'occasion, unique, de dégager nos sens !

À vendre les Corps sans prix, hors de toute race, de tout monde, de tout sexe, de toute descendance ! Les richesses jaillissant à chaque démarche ! Solde de diamants sans contrôle

À vendre l'anarchie pour les masses ; la satisfaction irrépressible pour les amateurs supérieurs ; la mort atroce pour les fidèles et les amants !

À vendre les habitations et les migrations, sports, féeries et conforts parfaits, et le bruit, le mouvement et l'avenir qu'ils font !

À vendre les applications de calcul et les sauts d'harmonie inouïs. Les trouvailles et les termes non soupçonnés, possession immédiate.

Élan insensé et infini aux splendeurs invisibles, aux délices insensibles, — et ses secrets affolants pour chaque vice — et sa gaieté effrayante pour la foule.

À vendre les corps, les voix, l'immense opulence inquestionnable, ce qu'on ne vendra jamais. Les vendeurs ne sont pas à bout de solde ! Les voyageurs n'ont pas à rendre leur commission de si tôt !

Écoutez-le encore, s'objurguant le génie :

JEUNESSE IV

Tu en es encore à la tentation d'Antoine. L'ébat du zèle écourté, les tics d'orgueil puéril, l'affaissement et l'effroi. Mais tu te mettras à ce travail : toutes les possibilités harmoniques et architecturales s'émouvront autour de ton siège. Des êtres parfaits, imprévus, s'offriront à tes expériences. Dans tes environs affluera rêveusement la curiosité d'anciennes foules et de luxes oisifs. Ta mémoire et tes sens ne seront que la nourriture de ton impulsion créatrice. Quant au monde, quand tu sortiras, que sera-t-il devenu ? En tout cas, rien des apparences actuelles.

C'est dans cet état de spiritualité que le trouvaient à Charleville les lettres des amis de Paris : Forain, Verlaine.

Ce dernier, aussitôt Rimbaud en allé, avait éprouvé remords encore de son attitude envers l'adolescent et lui avait écrit pour demander pardon. Mais l'illuminé se préoccupait d'autre chose, et ses communications avaient été d'abord purement littéraires. À la fin, réfléchissant que *la Chasse spirituelle* se trouvait à présent tout entière entre les mains de Verlaine, et désirant vraisemblablement faire publier, il avait écrit de façon affectueuse en réclamant son manuscrit.

Au reçu de la lettre tant attendue, le Pauvre Lélian eut, à la vérité, un premier mouvement raisonnable et mit l'objet réclamé sous enveloppe, se disposant ainsi à l'expédier. Pour quelles raisons n'alla-t-il pas jusqu'à le confier à la poste et revint-il, de cette façon, sur son premier mouvement ? Nous ne saurions rien affirmer sur ce point. Devons-nous supposer que de garder ce manuscrit apparut soudain à Verlaine comme le plus sûr moyen de se ménager encore des rapports avec Rimbaud ? Pensa-t-il que, la chose étant destinée à être imprimée à Paris, il n'était pas utile de la retourner à Charleville, où une colère de l'auteur pourrait la détruire ? Toujours est-il qu'au lieu de renvoyer *la Chasse spirituelle*, il posta à son ami des lettres atermoyantes, lettres cordiales, trop cordiales, où se lisaient des serments de ne plus donner prise au grief qui les avait séparés et de se conduire désormais envers Rimbaud de la façon dont celui-ci, sévèrement, l'entendait c'est-à-dire sans que jamais déviassent en de la saleté charnelle leurs rapports d'esprit à esprit, d'âme à âme. Il joignait à ces lettres des vers devant figurer plus tard aux *Romances sans Paroles*, vers se soumettant timidement à la nouvelle technique de Rimbaud et qui sont, en dépit de la méprise volontaire des mots, très évocateurs, très démonstratifs même, du différend survenu.à Paris entre les deux poètes

>Il faut, voyez-vous, nous pardonner les choses.
>De cette façon nous serons bien heureuses,
>Et si notre vie a des instants moroses,
>Du moins nous serons, n'est-ce pas ? deux pleureuses.
>
>Ô que nous mêlions, âmes soeurs que nous sommes,
>A nos vœux confus la douceur puérile
>De cheminer loin des femmes et des hommes,
>Dans le frais oubli de ce qui nous exile.
>
>Soyons deux enfants, soyons deux jeunes filles
>Éprises de rien et de tout étonnées,
>Qui s'en vont pâlir sous les chastes charmilles
>Sans même savoir qu'elles sont pardonnées.

Dans les moments où il n'était pas possédé par ses visions, Rimbaud, à Charleville, s'ennuyait mortellement. Il répondait à ces lettres, à ces vers par l'envoi de poèmes et d'épîtres chargées de sarcasmes, d'amertume et peut-être d'imprudents conseils. Il n'oubliait pas son manuscrit, certes. À plusieurs reprises, il fit part à sa mère d'inquiétudes à ce sujet. Il ne lui avait pas célé non plus son amitié pour Verlaine, ni les méchants commentaires que cette amitié faisait naître. Mais voici qu'il se reprenait à prêter l'oreille aux suggestions de son démon du départ ! Puisant dans sa terrible énergie d'âme le mépris des compromissions, il envisageait peu à peu comme nécessaire un nouveau voyage à Paris. On l'y appelait désespérément ; et puis, il y rentrerait en possession de ses anciens poèmes et les ferait éditer. Il aimait, d'esprit, beaucoup Verlaine ; il l'aimait comme la force aime la faiblesse, paternellement, maternellement, fraternellement ; et il se sentait la résolution suffisante, et il se savait l'autorité nécessaire pour le maintenir dans les limites acceptées. Celui-ci, d'ailleurs, montrait la plus vive contrition et multipliait ses larmoyants appels. Madame Rimbaud, de toute son âpre force de persuasion, s'opposa bien à la fuite de son cher fils vers les affreux dangers de cette fréquentation. Elle réussit, pendant un certain temps, à le retenir dans lesArdennes. Pourtant, vers la fin du mois de juillet, c'est-à-dire plus de trois mois après la date du retour à Charleville, Rimbaud demanda soudainement à sa mère les moyens pécuniaires de se rendre à Paris.

Verlaine, se figurant être sous le coup d'une arrestation pour les faits insurrectionnels de 1871 et croyant le moment arrivé de quitter la France, venait de faire entrevoir à son correspondant des voyages à l'étranger. La fatalité, ce démon qui, toujours, de tout lieu, força Rimbaud de s'évader, fut plus impérieuse que tout. Pour un départ en Belgique, il alla rejoindre son ami.

VI

Si, en ce juillet 1872, parmi les motifs de la détermination prise par Verlaine de s'expatrier, il y avait une crainte d'être judiciairement inquiété au sujet de sa participation presque illusoire à la Commune, il y avait aussi le désir — dit-il lui-même — d'échapper aux « platitudes » chicanières de la rue Nicolet ; il y avait enfin et surtout, comme nous venons de le voir, la joie poétique de fuir

> En compagnie illustre et fraternelle vers
> Tous les points du moral et physique univers[13].

La rencontre eut lieu à la gare du Nord. C'était par un de ces après-midi de Paris accablés de soleil.

Aussitôt Rimbaud descendu du train, les deux amis, heureux de se revoir, entrèrent dans le plus proche café. Là, tout en se rafraîchissant et sustentant, ils devisèrent des moyens de franchir sans encombre la frontière. Verlaine, à tout prix, ne voulait pas, avant de partir, aller rue Nicolet. Il fut décidé qu'on se mettrait en route le soir même. Et, au lieu de prendre les billets pour Bruxelles, ce qui eût pu donner l'éveil à l'agent de police possiblement de surveillance aux guichets, on les prit pour Arras, ce qui constituait à Verlaine, vu sa parenté artésienne, un plausible prétexte de voyage. L'un et l'autre étaient sans bagage et vêtus comme pour une promenade.

Dans *Mes Prisons*, sous le titre de « Une… manquée », le Pauvre Lélian a raconté tout au long, avec humour, l'aventure burlesque qu'ils eurent aussitôt leur arrivée à Arras. Au cas où, vraiment, Verlaine eût été l'objet des recherches de la police, leur baudelairienne mystification aurait pu être dangereuse. Par bonheur, il n'en fut rien. Forcés seulement de rétrograder en chemin de fer sur Paris, dès leur retour ils repartirent vers la Belgique par une autre gare, celle de l'Est, où, toujours en précaution de dépister la possible surveillance policière, ils crurent ne devoir prendre leursbillets que pour Charleville, résidence de Rimbaud.

Arrivés à Charleville, entre deux trains, ils allèrent trouver l'ami Bretagne, le vieux bohème qui, jadis, les avait mis en rapports. Celui-ci, tout heureux et fier, sans doute, d'avoir à protéger des proscrits, voulut bien se charger d'aller quérir aux guichets de la gare deux billets à destination de Vireux.

De Vireux, ayant à pied passé la frontière, ils se dirigèrent gaiement sur Bruxelles, par Walcourt et Charleroi — selon que l'indiquent les deux premiers « paysages belges » des *Romances sans Paroles* :

>Gares prochaines,
>Gais chemins grands…
>Quelles aubaines,
>Bons juifs errants !

Jusqu'en septembre, date à laquelle Verlaine eut avec sa femme l'entrevue racontée dans *Birds in the night*[14], les deux amis résidèrent ensemble à Bruxelles ; non sans, du boulevard Anspach, où ils se rencontrèrent avec des communards, rayonner vers les villes les plus caractéristiques de la Belgique et de la Hollande.

Ces pérégrinations s'accomplissaient de façon épique, dans le plus ingénu détachement des institutions sociales, dans de la mystification aussi, dans de l'ivresse, joyeusement, follement. Rimbaud, voyageur-né, se voyait pour la première fois à même de satisfaire aisément sa passion locomotrice, ainsi que son avidité d'impressions nouvelles ; son compagnon, très sensitif et d'habitudes plutôt sédentaires, se trouvait pour la première fois engagé dans un vagabondage ardent, au cours duquel se succédaient des sites de caractères les plus divers, souvent les plus opposés, et de la beauté mystique desquels le visionnaire lui faisait prendre conscience. On conçoit le bonheur que ce fut pour de tels poètes ; pour Verlaine surtout, dont les aspirations avaient été jusqu'ici contenues par les exigences civiles et dépravées et étriquées par le milieu parisien des cafés littéraires et politiques de la fin du second Empire.

Pourtant Rimbaud, parmi cette fête pour son énorme curiosité, ne laissait pas de se préoccuper de moyens pratiques d'existence. Il était de ceux qui, par leur organisation musculaire et leur éducation, ne se dérobent à aucun travail. Aux heures de calme, il se reprochait sans doute d'être pécuniairement une charge pour son ami. Celui-ci, l'insouciance même sous le rapport budgétaire, protestait bien quand la délicatesse du jeune homme s'ouvrait de ses préoccupations. Mais, tout de même, on se mit en quête de travaux matériellement profitables.

S'il faut en croire les pièces du dossier du procès de Bruxelles en 1873[15], ce n'est que lorsqu'ils eurent éprouvé l'impossibilité de trouver emploi quelconque en Belgique de leur bon vouloir laborieux, qu'ils se décidèrent à passer en Angleterre.

Ni l'un, ni l'autre ne connaissait la langue anglaise. Ils comptaient sur l'obligeance des réfugiés de la Commune, amis de Verlaine, pour s'initier aux coutumes d'Outre-Manche et pour se faire piloter dans Londres qui, mieux que Bruxelles, devait offrir l'utilisation de leur activité.

De même que Verlaine l'a fait dans les *Romances sans Paroles*, Rimbaud nous a laissé des souvenirs du séjour en Belgique. C'est, dans le premier recueil de ses illuminations : *Bruxelles* daté de juillet, *Âge d'or* ; c'est la première des *Villes*, hallucination synthétique, vision prophétique, projection d'ensemble et récréation sur l'écran du rêve des impressions accumulées au cours de ces deux mois de vie belge :

VILLES

Ce sont des villes C'est un peuple pour qui se sont montés ces Alleghanys et ces Libans de rêve ! Des chalets de cristal et de bois se meuvent sur des rails et des poulies invisibles. Les vieux cratères ceints de colosses et de palmiers de cuivre rugissent mélodieusement dans les feux. Des fêtes amoureuses sonnent sur les canaux pendus derrière les chalets. La chasse des carillons crie dans les gorges. Des corporations de chanteurs géants accourent dans des vêtements et des oriflammes éclatants comme la lumière des cimes. Sur les plates-formes, au milieu des gouffres, les Rolands sonnent leur bravoure. Sur les passerelles de l'abîme et les toits des auberges, l'ardeur du ciel pavoise les mâts. L'écroulement des apothéoses rejoint les champs des hauteurs où les centauresses séraphiques évoluent parmi les avalanches. Au-dessus du niveau des plus hautes crêtes, une mer troublée par la naissance éternelle de Vénus, chargée de flottes orphéoniques et de la rumeur des perles et des conques précieuses, la mer s'assombrit parfois avec des éclats mortels. Sur les versants, des moissons de fleurs grandes comme nos armes et nos coupes mugissent. Des cortèges de Mabs en robes rousses, opalines, montent des ravines. Là-haut, les pieds dans la cascade et les ronces, les cerfs tettent Diane. Les Bacchantes des banlieues sanglotent et la lune brûle et hurle. Vénus entre dans les cavernes des forgerons et des ermites. Des groupes de beffrois chantent les idées des peuples. Des châteaux bâtis en os sort la musique inconnue. Toutes les légendes évoluent et les élans se ruent dans les bourgs. Le paradis des orages s'effondre. Les sauvages dansent sans cesse la Fête de la Nuit. Et, une heure, je suis descendu dans le mouvement d'un boulevard de Bagdad où des compagnies ont chanté la joie du travail nouveau, sous une brise épaisse, circulant sans pouvoir éluder les fabuleux fantômes des monts où l'on a dû se retrouver.

Il suffirait, ce semble, de confronter les « paysages belges » des *Romances sans Paroles* avec ce poème en prose, cette illumination, pour se faire une nette idée de la différence existant entre le génie de Verlaine et le génie de Rimbaud, et pour voir combien celui de l'auteur des Illuminations est plus haut, plus vaste, plus intrinsèque en spiritualité, plus mystique, plus sur un autre plan que l'ordinaire humanité, plus divin. Comment Verlaine, dont l'âme, merveilleuse aussi, fut puérile, trop humaine, passive, n'aurait-il pas été dominé, subjugué par une pareille puissance d'imagination, une telle souveraineté de vision, une semblable majesté d'expression ? Et l'on comprendra, au reste, pourquoi le Pauvre Lélian s'est toujours effacé devant son ami, sans qu'il ait été besoin pour cela d'autres raisons que sa littéraire admiration pourquoi, à l'époque où il s'entendait qualifier dûment de grand poète, il proclamait que Rimbaud était un TRÈS grand poète. Ne l'a-t-il pas aussi, dans *Jadis et Naguère*, appelé la Muse[16] ?

Dans *Vies*, Rimbaud fait encore allusion à son voyage en pays flamand. « A quelque fête de nuit, dans une cité du Nord, j'ai rencontré — dit-il — toutes les femmes des anciens peintres. » Ce qui attesterait qu'il ne se fit point faute d'aller visiter les musées et d'assister aux fêtes des Corporations, lesquelles, à Anvers particulièrement, se développent en somptuosités archaïques.

VII

> Est-elle aimée ?... Aux premières heures bleues
> Se détruira-t-elle comme les fleurs feues...
>
> Devant la splendide étendue où l'on sente
> Souffler la ville énormément florissante !
>
> C'est trop beau c'est trop beau ! mais c'est nécessaire
> — Pour la Pêcheuse et la chanson du Corsaire,
>
> Et aussi puisque les derniers masques crurent
> Encore aux fêtes de nuit sur la mer pure !

s'écria l'auteur du *Bateau ivre* quand, sur le port d'Anvers, en face de l'Escaut, les deux pérégrins devisèrent de prendre le steamer qui vers l'Angleterre devait, pour la première fois, les bercer sur la mer « troublée par la naissance éternelle de Vénus ».

Ils s'embarquèrent au commencement de septembre.

Arrivés à Londres, ils allèrent tout de suite, à Langham Street, se présenter chez M. Félix Régamey, qui, dans *Verlaine dessinateur*, décrira ainsi l'entrevue : « Verlaine est beau à sa manière et, quoique fort peu pourvu de linge, il n'a nullement l'air terrassé par le sort. Nous passons des heures charmantes. Mais il n'est pas seul. Un camarade muet l'accompagne, qui ne brille pas non plus par l'élégance : c'est Rimbaud ». Puis, leur curiosité « wagonnant et paquebottant insensément », erra, disent MM. Jean Bourguignon et Ch. Houin[17] « des parcs immenses, des somptueux hôtels du West-End, aux taudis malsains de Bethnal-Green, aux horreurs de White-Chapel », jusqu'à ce que, l'argent leur allant faire défaut, ils se résignassent à élire domicile dans l'ancien room de Vermersch : Howland Street, 34-35, quartier français.

Selon Verlaine[18], Rimbaud aurait mené en Angleterre une vie paisible de flânerie et de leçons. Il nous paraît bien que ce n'est pas tout à fait exact. Comment, ou pourquoi, l'auteur des *Romances sans Paroles* a-t-il pu commettre cette inexactitude, de même qu'il a commis celle de dater les *Illuminations* de 1873-1870, alors qu'en réalité, et sans conteste aujourd'hui possible, elles sont de 1872-1873 ? Outre que la nature de Rimbaud, comme nous l'avons vu, s'opposait à ce qu'il goûtât jamais la paix, sa vie à Londres, de même que partout ailleurs, ne pouvait être que très active, très occupée. Quand on constate que de septembre à décembre, c'est-à-dire en moins de quatre mois, il trouva moyen de s'assimiler la langue et la littérature anglaises, au point de pouvoir converser dans l'idiome avec des lettrés comme Swinburne, au point de pouvoir professer ; qu'il écrivit pas mal d'illuminations qu'il explora dans tous ses quartiers cette énorme capitale, à lui devenue bientôt familière ; qu'il fut relativement assidu aux musées et aux bibliothèques, sans compter ses rapports avec les réfugiés français et les démarches pour trouver des emplois ; quand on songe à ce que tout cela dut lui prendre de temps, on se demande comment il aurait pu trouver des loisirs pour la flânerie. Il faut supposer plutôt, étant connu le caractère farouche, délicat et orgueilleux de Rimbaud, qu'il passait, dans l'activité studieuse, la plus grande partie de ses journées loin de son compagnon : cela, moins pour n'aller pas dans les « cafés potables, wine-rooms, alsopps-bars et autres mastroquets indigènes », que pour ménager les fonds communs en ne partageant point le repas de midi. Du reste, Verlaine avait lui-même fort à faire, en ce temps-là, de se débattre, de se concerter avec les avoués et autres gens de loi parisiens, au sujet de l'instance en séparation de corps et de biens lancée décidément par son épouse.

La correspondance datée de Londres, publiée sans beaucoup d'ordre par M. Edmond Lepelletier dans sa biographie de Verlaine, si pleine d'inexactitudes, de jugements téméraires et d'insinuations calomnieuses à l'égard de Rimbaud, nous montre néanmoins la physionomie vraie du Pauvre Lélian à cette époque. Constatons que, dans les *Croquis londoniens*, non plus que dans la confidence des stations aux cabarets anglais, Rimbaud n'est jamais évoqué et que si, dans la partie grave de cette correspondance, il est parlé de lui, c'est toujours avec la plus grande déférence et de très dignes protestations au sujet de « l'immonde accusation » d'homosexualité. Ne serait-ce pas à inférer de cela que les deux poètes, soit chez des réfugiés, soit en un café accoutumé, ne se trouvaient guère ensemble que le soir, et que Rimbaud, peu communicatif de sa nature, ne tenait guère Verlaine au courant de ses diurnes occupations ? À ces réunions vespérales, entre Parisiens et Londoniens lettrés, s'engageaient des conversations « toutes d'intellectualité », dit Verlaine, et qui, Rimbaud présent, loin de pousser le poète de *Langueur*[19] à l'indolence, loin de l'exciter dans sa fâcheuse passion pour l'alcool, l'auraient, au contraire, incité au travail ; et, de fait, cela n'appert-il pas de la lettre en laquelle, un peu plus tard, de sa prison de Mons, Verlaine écrira, en recommandant l'impression des *Romances sans Paroles* : « Je tiens beaucoup à la dédicace à Rimbaud, d'abord comme protestation [contre l'accusation d'homosexualité], puis parce que ces vers ont été faits lui étant là et m'ayant poussé beaucoup à les faire. » Ce qui, entre parenthèses, n'empêchera pas M. Lepelletier, dont la sympathie pour Rimbaud était nécessairement négative, de supprimer cette dédicace à l'édition princeps du petit volume. Verlaine d'ailleurs, on devine pourquoi, ne la rétablira point aux éditions subséquentes.

Il transparait encore de cette correspondance verlainienne que Rimbaud ne fut pas, à Londres, sans insister auprès de son ami pour rentrer en possession de *la Chasse spiriluelle*. À l'inventaire des objets que Verlaine charge M. Lepelletier de réclamer aux Mauté, figure ce manuscrit, ainsi que des lettres de son auteur renfermant des vers et des poèmes en prose, le tout spécialement décrit. Or, l'auteur de *Parallèlement* n'était pas, à ce moment-là surtout, homme à se préoccuper beaucoup des papiers d'autrui. En dépit d'une première réclamation, il avait laissé ceux de Rimbaud rue Nicolet, à Paris, et cela au moment même où il allait se rencontrer avec leur propriétaire. Il a donc fallu, pour qu'il se décidât à les porter sur la liste des objets revendiqués, qu'on lui fît des instances. Nous allons voir jusqu'à quel point Rimbaud, sans en accuser personnellement son ami, fut navré de cette dépossession.

À Charleville, Madame Rimbaud, malgré que désormais accoutumée aux fugues subites de son fils, ne se résignait pas. Que faire ? Elle le laissait bien, depuis son retour de Paris, puiser librement dans la bourse familiale ; mais il y employait une telle discrétion, qu'elle demeurait épouvantée à songer qu'il pouvait, loin d'elle, souffrir de la misère, et humiliée à penser qu'il vécût aux dépens d'un étranger. On lui dit un jour — dans les petites villes tout se sait et se répète — qu'Arthur avait été vu aux environs de la gare, dans la compagnie du père Bretagne et de Verlaine. Elle s'empressa, naturellement, d'aller s'enquérir auprès du bohème carolopolitain. Et, comme celui-ci répondait vaguement aux questions fermement posées, à bout de patience, se souvenant que le bonhomme avait été l'initiateur des relations avec Verlaine, elle le semonça de façon si légitimement sévère, qu'il en fut, comme naguère M. Izambard, tout éberlué, tout tremblant.

Néanmoins, elle venait d'apprendre que la fuite de Verlaine à l'étranger avait pour cause la crainte d'être arrêté à Paris pour participation au mouvement insurrectionnel de 1871. Dans la conscience de la bourgeoisie de province, communard était synonyme de scélérat ; et, bien qu'Arthur eût déjà expliqué à sa mère le peu de gravité des faits reprochables à l'ancien chef du bureau de la Presse, et qu'elle l'admît, Madame Rimbaud ne se sentit pas moins envahir par la crainte d'une arrestation possible de Verlaine rejaillissant en déshonneur sur son fils. Aussi, sans pouvoir envisager des moyens pratiques et honorables de faire cesser la compromission, cette femme si énergique se morfondait-elle dans un redoublement de désespoir, désespoir que parvenait à peine à atténuer la conscience des devoirs envers ses autres enfants.

Elle vivait ainsi depuis de longs mois à Charleville, lorsque lui arriva, timbrée d'Angleterre, une lettre d'Arthur. C'était vers le milieu de novembre 1872.

L'épître était assez rassurante, en somme. On était en sûreté à l'étranger ; on s'y portait bien ; on apprenait la langue anglaise ; on donnait des leçons de français. Il était aussi mandé que, Verlaine plaidant en séparation et les Mauté ayant beaucoup d'animosité contre leur gendre, la perte des papiers confiés autrefois à l'ami, et demeurés par sa négligence à Paris, était à craindre. Ces manuscrits, ajoutait-on, seraient d'un grand secours ; on les ferait éditer et ils deviendraient ainsi une référence livresque permettant de trouver à Londres des leçons plus avantageuses au pécuniaire ; et Rimbaud terminait en priant sa mère de vouloir bien faire réclamer ces papiers, ou d'aller elle-même les chercher, soit chez Madame Verlaine mère, chargée de récupérer les objets personnels laissés rue Nicolet, soit chez les Mauté, au cas où, en défi des requêtes, ceux-ci se seraient cru le droit de les garder.

Madame Rimbaud n'était pas femme à remettre au lendemain ce qu'il ne lui paraissait pas impossible de faire le jour même elle n'était femme non plus à charger volontiers les autres de ses commissions. Aussitôt la lecture de la lettre, elle alla confier la garde de ses filles aux chanoinesses du Saint-Sépulcre, qui les avaient déjà dans leur institution comme demi-pensionnaires, et elle partit pour Paris.

Sa première visite fut pour la mère de Verlaine, dont Arthur lui avait donné l'adresse. Elle se trouva en présence d'une femme plongée, comme elle, dans la détresse cordiale. La sympathie s'établit aussitôt. Toutes deux n'étaient-elles pas de semblable origine, et n'avaient-elles pas, l'une et l'autre, épousé un militaire ? On causa. On fit ses réciproques doléances. Madame Rimbaud reprochait à Verlaine d'être, par ses appels incessants, la cause des dérangements actuels de son fils. Puisque la liaison des deux jeunes gens causait du désordre et du chagrin dans les familles, il appartenait au plus âgé, à Verlaine par conséquent, d'être le plus raisonnable, de rompre et de se rendre compte qu'en définitive et du point de vue de la loi, en excitant la passion d'Arthur pour les voyages et en l'attirant ainsi dans une voie irrégulière et moralement préjudiciable, il s'exposait à une accusation de détournement de mineur. Madame Verlaine, tout en protestant, priait son interlocutrice de ne pas ainsi envisager les choses. Il y avait assez de scandale comme cela, par la faute des seuls Mauté, qui ne surent jamais s'y prendre pour retenir Paul dans son ménage. De reproches à Arthur Rimbaud, elle n'en avait aucun à mettre en avant. C'était un garçon bien intelligent, bien honnête et tout à fait incapable de faire le mal. Pour ce qui était des manuscrits réclamés, Madame Verlaine n'avait rien reçu des beaux-parents de son fils, ni directement, ni par un tiers. En fin de compte, Madame Rimbaud ayant demandé si l'on pouvait courir le risque d'un accueil chez les Mauté, la mère de Verlaine s'offrit à la conduire jusqu'à leur maison.

Rue Nicolet, bien que Madame Rimbaud y ait été reçue aimablement, la sympathie ne s'établit point. On lui parut de prévenances et de condoléances, d'abord trop appuyées. Elle flaira, sous ces manières, de l'arrière-pensée. Bref, comme elle savait se trouver chez un ancien notaire, qu'elle connaissait, par ce qu'elle en avait déjà observé, la politesse de commande des tabellions et leur manque parfois de scrupules sentimentaux, malgré toutes ces civilités, toutes ces cérémonies, elle ne fut pas conquise. Sous ses apparences provinciales, quasi paysannes, elle avait, au demeurant, l'esprit beaucoup plus large et le sens familial plus développé que ces Parisiens-là elle leur était bien supérieure en intelligence native et en force intrinsèque de caractère. Ce fut avec une dignité de dehors froids qu'elle écouta émettre les griefs les plus imprévus et les plus ridicules contre Verlaine. Quand ils en arrivèrent aux articulations contre son fils Arthur, maitrisant sa maternelle indignation, cette femme de fer parvint à les entendre sans sourciller. Elle était sûre, maintenant, de siéger en face de gens prêts à user de tous moyens, d'apparences, de fallaces, pour écarter de leur famille un membre dûment ou indûment déplaisant. Ah ceux-là n'eussent pas demandé mieux que de se rallier à l'idée d'une accusation en détournement de mineur. Mais Madame Rimbaud se garda bien de la soumettre ici, cette idée. Elle se contenta, sous la bordée de malveillances aigres-douces qui, en voulant atteindre son enfant, semblaient vouloir l'atteindre elle-même, de dresser altièrement la tête et de plonger dans le regard oblitéré de ces mondains l'éclat de ses yeux bleus foudroyants d'orgueil et de mépris, mépris que les processives âmes ne surent évidemment point discerner. Et elle serait partie dédaigneusement, si elle n'avait eu à accomplir sa mission relative aux manuscrits. Ce fut avec laconisme, d'un ton de politesse stricte, qu'elle les réclama. On mit en avant des prétextes obliques dépôt dont ne devait compte qu'à Verlaine, procès en cours, etc., pour ne pas accorder satisfaction. Elle prit alors congé, sans se donner la peine de faire remarquer que, Verlaine ayant redemandé les choses pour les restituer à Rimbaud, l'on commettait, en agissant ainsi, un abus envers son fils mineur.

Parmi les autographes confisqués[20] se trouvait-il des lettres pouvant, par une interprétation maligne, induire des adversaires décidés à faire flèches de tout bois en des imputations contre Verlaine ? C'est possible. Les deux poètes usaient, à ce moment, de la méprise des mots. En tout cas, pour les Mauté, comme pour les avoués et autres gens d'affaires de ce temps-là, la Chasse spirituelle devait être, à coup sûr, parfaitement incompréhensible. Chronologiquement, elle se placerait, croyons-nous, entre le *Bateau ivre* et *les illuminations*. Il faut joindre à *la Chasse spirituelle*, comme égarées, comme perdues, des pièces de vers dont l'une, *les Veilleurs*, est, au sentiment de Verlaine, la plus belle qu'ait écrite Rimbaud. On voit combien cette confiscation a été coupable envers l'auteur, combien elle le demeure envers les Lettres françaises.

Aussitôt rentrée à Charleville, Madame Rimbaud manda à son fils le résultat négatif de ses démarches au sujet des manuscrits. Elle lui remontra en même temps le péril qu'il y avait, pour sa bonne réputation, à continuer des relations avec Verlaine. Afin de couper court à toutes insinuations, à toutes accusations calomnieuses, le plus simple, dans l'intérêt surtout de l'ami, serait qu'Arthur le quittât et revînt à la maison, concluait-elle judicieusement et fermement. Elle joignait à sa lettre des fonds pour le retour.

Les deux poètes, se croyant forts de leur innocence, ne se rendirent pas tout d'abord à ce conseil. Rimbaud, savons-nous, repoussait de tout son hautain mépris les ordures en question. Quant à Verlaine, sa correspondance avec M. Edmond Lepelletier révèle qu'il aurait considéré l'éloignement du jeune homme comme une maladresse pouvant, aux yeux de ses beaux-parents, constituer un aveu.

Madame Rimbaud — confie-t-il — s'occupe très véhémentement de l'affaire. Elle croit qu'en me séparant de son fils je fléchirais ça. Moi, je crois que ce serait leur donner leur seule arme « Ils ont cané, donc ils sont coupables ». Tandis que nous sommes prêts, Rimbaud et moi, à montrer, s'il le faut, notre virginité à toute la clique.

Cependant Rimbaud, à Londres, commençait à s'irriter contre son compagnon, auquel il reprochait toujours d'être, par sa négligence, la cause de la perte des manuscrits. Celui-ci fit bien de nouvelles tentatives pour les recouvrer mais il n'y réussit, paraît-il, point.

Et le jeune poète maudit, fatigué, écœuré de l'indécision du « pitoyable frère » passant ses heures à se griser, à se lamenter et, plutôt que d'agir comme il eût fallu, à poster ses doléances à des camarades parisiens incapables de le servir, quitta l'Angleterre, après quelque dispute, et revint en France. C'était vers le milieu de décembre 1872.

VIII

Il y avait plus d'un mois qu'il était de retour à Charleville ; après les orages de Paris et de Londres, il essayait, dans la vie familiale, de s'accalmer et de se déprendre des vers, remâchant l'amertume de la lutte pour l'Art, examinant avec un relatif sang-froid la direction qu'il allait falloir donner désormais à sa vie, — lorsqu'il reçut d'Angleterre une lettre de Verlaine, très touchante, annonçant une grave maladie et marquant un profond désespoir de se trouver, à la veille de la mort, abandonné de tout le monde.

Point n'était besoin de faire à Rimbaud un long appel douloureux pour que se présentât, devant sa conscience, l'impérieuse nécessité de se dévouer ; en dépit detout, il aimait toujours beaucoup le Pauvre Lélian. Il fit part de la lettre à sa mère. Celle-ci, le voyant très ému et se félicitant, à part soi, du bon cœur de son fils, loin de s'opposer au départ pour Londres, lui remit spontanément l'argent nécessaire au voyage, aller et retour, et à l'existence durant quelques jours. Toutefois, il fut convenu que, issue heureuse ou Malheureuse de la maladie, Arthur reviendrait au plus tôt dans les Ardennes.

Nous ne savons ce qu'était la maladie de Verlaine. Voici ce que, sans préciser, il en a dit lui-même dans une lettre à M. Edmond Lepelletier :

> Mon cher ami, si je ne t'ai pas écrit, c'est par l'unique raison que j'ignorais ta nouvelle adresse, sans quoi tu eusses reçu voilà huit jours, en même temps que les deux ou trois que je considère comme mes amis sérieux, une espèce de

lettre de faire-part où je leur faisais mes adieux. En même temps je télégraphiais à ma mère et à ma femme de venir vite, car je me sentais positivement crever. Ma mère seule vint, et c'est d'elle que je tiens ton adresse nouvelle. Deux jours après, Rimbaud, parti d'ici depuis plus d'un mois, arrivait, et ses bons soins, joints à ceux de ma mère et de ma cousine, ont réussi à me sauver cette fois, non certes d'une claquaison prochaine, mais d'une crise qui eût été mortelle dans la solitude. Je le supplie de m'écrire. J'ai bien besoin de témoignages amicaux... L'heure me presse, et d'ailleurs ma faiblesse est extrême.

Dès que Rimbaud eut constaté son ami en bonne voie de guérison, laissant Madame Verlaine et la cousine au chevet du malade, il rentra dans les Ardennes. D'ailleurs, la demande judiciaire en séparation suivait son cours il ne voulait pas, selon le conseil réitéré des mères, donner davantage prise aux griefs calomnieux dont son amitié faisait l'objet.

Nous sommes au commencement de 1873.

À Charleville, Rimbaud ne semble plus, au même titre, préoccupé de la confiscation de ses manuscrits. Néanmoins, il s'ouvre à sa mère du désir qu'il a de faire éditer un ouvrage. On dirait que *la Chasse spirituelle* ne lui apparaît déjà plus, à ce moment, comme suffisamment représentative de son génie. Il en déplore toujours la perte, c'est vrai il en invective les détenteurs. Mais ce qu'il voudrait voir imprimé, c'est autre chose. Et il poursuit *les*

Illuminations : Ouvriers, Ville, Métropolitain, Promontoire, Parade, Veillées, etc…

Dans ces poèmes en prose, la joie et l'orgueil égotistes d'être un suprême et unique poète commencent, on dirait, à s'affaisser. Les hallucinations systématiques, les symbolisations outrées disparaissent ; les visions proprement dites deviennent moins personnelles, plus larges, et montent dans la réalisation des « possibilités harmoniques et architecturales » à des sommets de synthèse jusqu'ici inaccédés.

Comment se pourrait-il que ces imageries, ces symphonies colossales aient été créées, comme on l'a cru, sinon en même temps, du moins tout de suite après le chuchotis ultra-subjectif des chansons ? L'esthétique et la technique en sont très différentes. A moins qu'on ne veuille voir le point de transition dans le morceau suivant, symbole, semble-t-il, des forces destructrices et créatrices de l'esprit de Rimbaud se mêlant et communiant pour mourir momentanément dans la désillusion.

CONTE

Un Prince était vexé de ne s'être employé jamais qu'à la perfection des générosités vulgaires. Il prévoyait d'étonnantes révolutions de l'amour, et soupçonnait ses femmes de pouvoir mieux que cette complaisance agrémentée de ciel et de luxe. Il voulait voir la vérité, l'heure du désir et de la satisfaction essentiels. Que ce fût ou non une aberration de piété, il voulut. Il possédait au moins un assez large pouvoir humain.

Toutes les femmes qui l'avaient connu furent assassinées quel saccage du jardin de la Beauté ! Sous le sabre, elles le bénirent. Il n'en commanda point de nouvelles, — Les femmes réapparurent.

Il tua tous ceux qui le suivaient, après la chasse ou les libations. — Tous le suivaient.

<blockquote>Il s'amusa à égorger les bêtes de luxe. Il fit flamber les palais. Il se ruait sur les gens et les taillait en pièces. — La foule, les toits d'or, les belles bêtes existaient encore.</blockquote>

Peut-on s'extasier dans la destruction, se rajeunir parla cruauté ! Le peuple ne murmura pas. Personne n'offrit le concours de ses vues.

Un soir, il galopait fièrement. Un Génie apparut, d'une beauté ineffable, inavouable même. De sa physionomie et de son maintien ressortait la promesse d'un amour multiple et complexe ! d'un bonheur indicible, insupportable même ! Le Prince et le Génie s'anéantirent probablement dans la santé essentielle. Comment n'auraient-ils pas pu en mourir ? Ensemble donc ils moururent.

Mais ce Prince décéda, dans son palais, à un âge ordinaire. Le Prince était le Génie. Le Génie était le Prince. — La musique savante manque à notre désir.

Il y a, en effet, dans ce morceau souverain, qui fait songer au roi Louis II de Bavière, un narcissisme bien proche en signification de celui si dolent de la *Comédie de la Soif.*

Faut-il attribuer à la contagion du spleen anglais la tristesse forte et l'ironique découragement que ces géantes productions indiquent chez Rimbaud ? Aucune parole de dégoût concernant Londres ne se trouve pourtant dans son œuvre. Tous ceux qui ont connu le poète après ses séjours en Angleterre savent combien il préférait la ville et les coutumes londoniennes aux rues et aux habitudes de Paris. Pour lui, Londres était incomparablement plus habitable, et les relations avec les Anglais infiniment mieux adéquates à son caractère, que la France et les Français. Tout de la capitale du Royaume-Uni, relativement, lui plaisait alors : les immenses proportions de la ville, l'activité industrielle, les musées, la langue, le brouillard. Il n'est jusqu'à la morgue silencieuse et flegmatique des habitants, jusqu'à leur humour, qui, en s'appariant, en quelque sorte, à sa propre taciturnité, à son ironie dédaigneuse et pince-sansrire, ne lui fussent objets de préférence, au regard du bavardage superficiel et vantard des Parisiens et de leur débraillé. Écoutez, d'ailleurs, ce poème en prose par lequel il s'identifie avec Londres :

VILLE

Je suis un éphémère et point trop mécontent citoyen d'une métropole crue moderne, parce que tout goût connu a été éludé dans les ameublements et l'extérieur des maisons aussi bien que dans le plan de la ville. Ici vous ne signaleriez les traces d'aucun monument de superstition. La morale et la langue sont réduites à leur plus simple expression, enfin Ces millions de gens qui n'ont pas besoin de se connaître amènent si pareillement l'éducation, le métier et la vieillesse, que ce cours de vie doit être plusieurs fois moins long que ce qu'une statistique folle trouve pour les peuples du Continent. Aussi comme, de ma fenêtre, je vois des spectres nouveaux roulant à travers l'épaisse et éternelle fumée de charbon — notre ombre des bois, notre nuit d'été ! — des Erynnies nouvelles, devant mon cottage qui est ma patrie et tout mon cœur — puisque tout ici ressemble à ceci — la Mort sans pleurs, notre active fille et servante, un Amour désespéré et un joli Crime piaulent dans la boue de la rue.

Il va bientôt parler l'anglais « mieux que les Anglais eux-mêmes », et nous le verrons, à la fin de sa trop courte vie, user préférablement de cette langue, choisir, quand il éprouvera le besoin de se distraire par la lecture, les ouvrages d'idiome britannique. Ce ne peut donc être l'Angleterre qui causait à Rimbaud cette douloureuse lassitude de soi, ce volupteux dégoût d'un art en lequel il avait conscience d'œuvrer mieux que quiconque, parce qu'il était « mille fois le plus riche » en pensée et en imagination.

On ne saurait, non plus, attribuer cet état psychique au manque absolu de ressources pécuniaires et d'espoirs sous ce rapport. Il était sobre naturellement, et sans besoins de luxe matériel. En outre de ses petits gains de professeur et des solidarités de Verlaine, il avait l'argent mis par sa mère à sa disposition et il était assuré de trouver toujours près d'elle, quoi qu'il arrivât, un cordial et substantiel refuge.

Ce serait plutôt dans le domaine de la conscience pratique s'éveillant, et aussi parmi des phénomènes patho-physiologiques, qu'il conviendrait de rechercher les déterminantes de ce singulier état mental d'adolescent.

Londres, au point de vue de la possibilité de vivre dans le siècle, loin de déprimer le jeune homme, lui a, au contraire, ouvert les yeux. De cette énorme cité où, parmi un féroce mouvement, l'on vit comme dans un désert froid et silencieux, il regarde avec colère les traîtrises que, sous son tumulte gracieux, cache Paris. La calomnie à son égard s'y poursuit, et l'écho lui en est apporté par les correspondants de son ami. Les gens qu'il a naguère si juvénilement bafoués — il commence à s'en rendre compte — ne lui pardonneront jamais ses imprudences ; ils s'opposeront, de toute la noirceur accumulée de leurs rancunes, à ce que son génie, du reste incompris d'eux, arrive à la lumière. Et lui, qui jusqu'alors a dédaigné la sottise et la diffamation, sent qu'à cause d'elles son avenir littéraire pourrait bien être perdu. Il se prend à envisager le mal réel que peuvent faire l'envie et la haine, de si bas qu'elles partent. Ses candides illusions de bonté, d'amour du prochain s'envolent chaque jour davantage. Il lui reste bien « l'orgueil plus bienveillant que les charités perdues » ; mais son échafaudage de bonté universelle croule. « Pas une main amie ! » Personne ne l'admet. « Ma sagesse », va-t-il dire, « est aussi dédaignée que le chaos ». C'est peut-être qu'il est monté trop haut.

Cependant, il ne redescendra pas encore de son ciel. « Qu'est mon néant », s'écrie-t-il sarcastiquement, « auprès de la stupeur qui vous attend ?... »

Verlaine lui-même, en lequel il avait vu une âme capable de lui être mystiquement fraternelle, un esprit assez libre pour marcher avec lui à la conquête de la vérité divine, ce Verlaine dont il rêvait de faire un « fils du Soleil » ne lui paraît plus que l'esclave social dont les passions terrestres, excitées tant par l'atmosphère spéciale des tavernes londoniennes que par les nostalgies matrimoniales, le désenchantent, l'aigrissent, l'exaspèrent.

VAGABONDS

Pitoyable frère que d'atroces veillées je lui dus ! « Je ne me saisissais pas fervemment de cette entreprise. Je m'étais joué de son infirmité. Par ma faute nous retournerions en exil, en esclavage. » Il me supposait un guignon et une innocence très bizarres, et il ajoutait des raisons inquiétantes.

Je répondais en ricanant à ce satanique docteur, et finissais par gagner la fenêtre. Je créais, par delà la campagne traversée par des bandes de musique rare, les fantômes du futur luxe nocturne.

Après cette distraction vaguement hygiénique, je m'étendais sur une paillasse. Et presque chaque nuit, aussitôt endormi, le pauvre frère se levait, la bouche pourrie, les yeux arrachés — tel qu'il se rêvait et me tirait dans la salle en hurlant son songe de chagrin idiot.

J'avais en effet, en toute sincérité d'esprit, pris l'engagement de le rendre à son état primitif de fils du Soleil, — et nous errions, nourris du vin des Palermes et du biscuit de la route, moi pressé de trouver le lieu et la formule.

Il a comme le pressentiment des malheurs qui vont survenir du fait de la faiblesse de son ami. Aussi, le fuit-il dorénavant le plus possible. Verlaine rappelle désespérément celui qu'il appelle « l'homme aux semelles de vent ». Rimbaud revient, pour repartir presque aussitôt, pardonnant toujours pour s'encolérer ensuite. C'est le pardon de Jésus à la Samaritaine qui trop aima. Et ce pardon, quoi qu'il advienne, sera toujours acquis au Pauvre Lélian. Car Rimbaud, même après le drame de Bruxelles, encore qu'il en paraisse autrement par la rixe de la Forêt-Noire, n'aura jamais pour le souvenir de Verlaine un seul mot de mépris ou de rancune. La rancune ne saurait siéger dans l'âme des Forts.

Il est à noter également qu'en ce début de l'année 1873, la physionomie de l'adolescent se modifiait à nouveau. Etait-ce le résultat des fatigues corporelles éprouvées au cours des deux années précédentes, de l'alimentation irrégulière, d'une hygiène déplorable, dessoucis, du surmenage cérébral ? Ou bien était-ce déjà l'effet d'une fatalité pathologique ? Son teint, devenu terreux, plombé, se marbre de rougeurs fiévreuses le bleu de ses yeux pâlit, et les pupilles, se rétrécissant parfois jusqu'à presque disparaître, donnent au regard un caractère infiniment vague et comme mourant. Il maigrit dans son corps et dans son visage dont l'ovale, autrefois si pur, s'altère de saillies et de creux. Des journées entières, lui si instable, il reste enfermé dans sa chambre, étendu, les yeux mi-clos, sur son lit. À l'heure des repas, sa mère ou ses sœurs l'appellent-elles ? Il refuse de manger. Et, si on le questionne sur sa santé en lui offrant des soins, il répond, d'une voix lointaine et bourrue, qu'il ne souffre pas, qu'il n'a besoin dp rien, et prie qu'on le laisse en paix et qu'on ne s'alarme point. Mais, le matin, les bougies consumées attestent qu'il a veillé toute la nuit.

Les jours qu'il est debout, il ne se plaint non plus. Pourtant, il mange peu et comme avec dégoût. Au toucher de ses mains, devenues sèches et pâles, on constate qu'il a la fièvre. Lui montre-t-on de l'inquiétude à ce sujet ? Comme agacé, il répond à peine. Et, méditatif et sombre, image vivante, à dix-huit ans ! de la plus poignante, de la plus irrémédiable désolation, il s'en va errer par la ville et par la campagne.

Tous ces symptômes, soit comme cause, soit comme effet, correspondraient-ils à l'amertume marquée dans les derniers poèmes en prose ? Rimbaud, lui, croit que cet état morbide fut occasionné surtout par le surmenage intellectuel, puisque, dans *Une Saison en Enfer*, après avoir décrit les efforts mentaux dont sont résultées les *Illuminations*, il ajoute :

> Ma santé fut menacée. La terreur venait. Je tombais dans des sommeils de plusieurs jours, et, levé, je continuais les rêves les plus tristes. J'étais mûr pour

le trépas, et, par une route de dangers, ma faiblesse me menait aux confins du monde et de la Cimmérie, patrie de l'ombre et des tourbillons.

Mais l'énergie extraordinaire, que, sous cette langueur momentanée, il porte en lui, va se réveiller. D'un effort titanesque, il se dressera en face de la folie menaçante et lui « jouera le bon tour » de l'étrangler, comme cela, en ricanant. Rire satanique et archangélique tout ensemble, dont l'écho, par *Une Saison en Enfer*, se répercutera d'âge en âge, pour témoigner de; la surhumanité de Jean-Arthur Rimbaud…

IX

Dans le courant du mois de mars, étant toujours en proie à ces malaises, il fit, de Charleville, quelques courts voyages dans des capitales, aux fins exclusives d'y trouver un éditeur. Sa mère ne protestait pas, disposée qu'elle était à faire les frais d'un volume.

Au commencement d'avril, la famille partit pour Roche. Il s'agissait de surveiller la reconstruction des bâtiments d'exploitation de la propriété, détruits, quelques années auparavant, par un incendie, et d'y installer un fermier. Le jour du vendredi saint, 12 avril, Arthur, revenant de»

Belgique, rejoignit là les siens. Il était de plusen plus souffrant.

Aussitôt arrivé, il ne s'en mit pas moins au : travail et commença, en vue des éditeurs Poolet Cie découverts à Bruxelles, d'écrire *Une Saison en Enfer.*

Quelques illuminations également ont étéécrites, dans ce moment-là, à Roche: *Vies, Démocratie,* dont l'inspiration est la même que celle de la partie d'*Une Saison en Enfer* intitulée *Mauvais Sang,* et, sans doute, indice du renoncement proche à la littérature visionnaire, celle-ci :

DÉPART

Assez vu. La vision s'est rencontrée à tous les airs.

Assez eu. Rumeurs des villes, le soir, et au soleil, et toujours.

Assez connu. Les arrêts de la vie. — Ô Rumeurs et Visions !

Départ dans l'affection et le bruit neufs.

Oserons-nous formuler l'hypothèse que ce court poème en prose devait, dans les intentions de l'auteur, fermer le livre des *Illuminations* ? Nous pouvons, en tout cas, opiner que si, en 1873, l'ouvrage n'a pas été envoyé à l'imprimerie, c'est à cause de la survenue du drame de Bruxelles. Verlaine était détenteur de la plus grosse partie du manuscrit, envoyé, morceau par morceau, dans des lettres ; et cette circonstance est heureuse, jusqu'à un certain point, pour la Littérature, puisque, si *les Illuminations* étaient demeurées toutes entre les mains de leur auteur, il les aurait détruites, par la suite, en même temps que les autres et que l'édition d'*Une Saison en Enfer*.

Roche, section de la commune de Chuffilly, est un hameau agricole sans grand caractère et peuplé d'une douzaine de familles de laboureurs. On y trouve un château qui, au moyen âge, dut être une maison-forte servant de rendez-vous de chasse aux seigneurs de la Cour, dans le temps qu'Attigny, voisin, était résidence royale ; mais cet édifice, décapité à la Révolution et aménagé en maison bourgeoise, n'offre plus aucun intérêt architectonique, et son seul charme consisterait en ce qu'il est discrètement, invisiblement tapi parmi d'arborescentes et d'aromatiques végétations.

La campagne environnante, d'une assez grande fertilité, est dénuée de tout agrément. C'est la Beauce en petit. Un peintre n'y trouverait à s'inspirer que de ciels fort mobiles et variés.

La maison des Cuif, aïeux maternels de Rimbaud, se trouve sur la route conduisant d'Attigny à Vouziers. C'est un pavillon Louis XVI, dont les ouvertures de façade regardent immédiatement la route. Un chartil, donnant accès dans la cour de la ferme, le flanque, surmonté d'un colombier à toit en pointe coupée ; et ces dispositions font que l'ensemble de la construction présente un aspect de prééminence sur les autres habitations du hameau. En 1873, les ruines des écuries et des granges incendiées, recouvertes en partie par le houblon sauvage et l'ortie, ajoutaient encore au caractère, lequel n'était pas alors sans grandeur.

La maison d'habitation proprement dite, encore qu'elle fût indemne de l'incendie, se trouvait néanmoins en état de délabrement. Inhabitée depuis 1865, elle avait été ravagée, en 1870-71, par l'invasion et l'occupation allemandes. La famille Rimbaud y campa plutôt qu'elle ne s'y installa. On devait vivre dans ces précaires conditions jusqu'à l'achèvement des reconstructions aux immeubles. Mais on avait compté sans la lenteur des artisans de campagne. À cause d'elle, on se vit obligé de séjourner à Roche beaucoup plus longtemps qu'on n'aurait voulu.

C'est parmi ce désastre en quelque sorte, qu'Arthur Rimbaud fit *Une Saison en Enfer*. Toujours douloureux et quand même énergique, dans les moments où, à la pelle et à la pioche, il ne remuait pas des décombres, il s'installait, pour écrire, au pied d'un mur calciné et exposé en plein midi. — « Je suis assis, lépreux, sur les pots cassés et les orties, au pied d'un mur rongé par le soleil[21]. » — Et, lorsque les maçons et les charpentiers eurent enfin pris possession du chantier, il continua son œuvre dans une sorte de grenier à grain dont il avait fait sa chambre, au premier étage de la maison.

Presque toute la partie d'*Une Saison en Enfer* intitulée *Mauvais Sang*, en laquelle il interroge impitoyablement ses hérédités et sa vie passée, a été écrite ici et la, fin avril et commencement de mai 1873 ; ainsi que les illuminations intitulées *Vies*, où il s'explore âprement la conscience.

VIES II

Je suis un inventeur bien autrement méritant que tous ceux qui m'ont précédé ; un musicien même, qui ai trouvé quelque chose comme la clef de l'amour. À présent, gentilhomme d'une campagne maigre au ciel sobre, j'essaie de m'émouvoir au souvenir de l'enfance mendiante, de l'apprentissage ou de l'arrivée en sabots, des polémiques, des cinq ou six veuvages et de quelques noces où ma forte tête m'empêcha de monter au diapason des camarades-Je ne regrette pas ma vieille part de gaîté divine : l'air sobre de cette aigre campagne alimente fort activement mon atroce scepticisme. Mais comme ce scepticisme ne peut désormais être mis en œuvre, et que, d'ailleurs, je suis dévoué à un trouble nouveau, — j'attends de devenir un très méchant fou.

Vers la fin de mai, un rapprochement se produisit avec Verlaine. Celui-ci, quittant l'Angleterre, était venu achever sa convalescence à Jéhonville (Ardennes belges), chez une tante paternelle, et, de là, il avait correspondu avec son ami.

Rimbaud, obligé pour le rejoindre de passer par Mézières-Charleville, alla d'abord rendre visite à son fidèle camarade de collège, Ernest Delahaye, qui voulut bien l'accompagner jusqu'à Bouillon, ville-frontière de Belgique, située sur la Semoy, entre Sedan et Paliseul. C'est là que les deux poètes s'étaient donné rendez-vous. Après l'agape du revoir, qui fut délicate et de joyeuse ivresse, le bon et souriant Delahaye étant rentré seul en France, Rimbaud et Verlaine prirent, sans tarder, le train pour Liège, ville encore non explorée par eux ; puis, par Anvers, ils repartirent, le 25 mai, pour l'Angleterre.

C'est durant cette traversée, dont l'auteur des *Romances sans Paroles* a dit, dans une lettre à M. Edmond Lepelletier, qu'elle fut « inouïe de beauté », que l'auteur du *Bateau ivre* rythma *Mouvement*[22], ce point extrême, avec *Marine*, de la libération du vers.

Une des raisons qui semblent avoir décidé le visionnaire à retourner encore dans la compagnie du Pauvre Lélian est qu'il voyait de plus en plus s'altérer, dans la stabilité et le calme villageois, sa santé et aussi son équilibre intellectuel.

> Je dus voyager, distraire les enchantements assemblés dans mon cerveau. Sur la mer, que j'aimais comme si elle eût dû me laver d'une souillure, je voyais se lever la croix consolatrice. J'avais été damné par l'arc-en-ciel[23].

Cette raison, pourtant, est aujourd'hui de second rang. Car, plus que jamais, il obéit à la force subconsciente dont nous avons parlé, force qui l'obligeait et devait l'obliger toujours à partir, à s'en aller, ce conquérant d'un autre monde que le nôtre, cherchant en vain, sur la terre, sa patrie spirituelle, cherchant en vain, parmi les réalités, des existences capables de communier seulement de cœur avec lui !

De nouveau fixés à Londres, les deux poètes ne tardèrent point à y filer des jours horribles de dissentiment, très irritables et très découragés qu'ils étaient devenus, l'un en face de l'autre. Rimbaud, lassé de la vie de cabaret menée par Verlaine, fatigué de ses doléances capricieuses, le laissait seul fréquenter de plus en plus les endroits de « cette ville de la Bible » où « le gaz flambe et nage », où « les enseignes sont vermeilles » et où « tout saute, piaule, miaule et glapit »

> Dans le brouillard rose et jaune et sale des Sohos
> Avec des *indeeds* et des *all rights* et des *hâos*[24].

C'est que le jeune homme, dans cette fin de crise de la puberté, se prenait peu à peu de conscience positive. Son manque de fortune lui commande de s'ingénier avec plus de constance vers des travaux pécuniairement productifs. Et, désormais plus correct de manières et de tenue, ainsi que l'exige la *respectability*, il trouve des leçons à donner, leçons de mince rapport toujours, mais qui lui permettent, croit-il, de ne plus encourir le reproche de vivre à charge de son ami.

Est-ce l'effet de son état maladif ? Est-ce la conséquence de l'irritation ressentie à voir Verlaine se déprimer dans des conditions sentimentales plus absurdes que jamais ? Il devient très acariâtre envers le « compagnon d'enfer ». Lorsqu'ils sont ensemble, ce sont des conflits acerbes, dont le Pauvre Lélian parlera à sa mère, ce qui permettra à celle-ci de déposer bientôt, au bureau de police de Bruxelles, que son fils a eu à se plaindre du caractère méchant de Rimbaud. — Pauvre, trop faible mère qui pourrait songer à faire reproche de cette injustice à votre douleur du moment...

Il semble, en vérité, que Rimbaud cherche à se faire haïr de Verlaine. Il l'épouvante par des colères et des mystifications sinistres, par des voies de fait même ; il l'accable de railleries, « passe des heures à lui faire honte de tout ce qui l'a pu toucher au monde, et s'indigne s'il pleure[25] ». Verlaine ne comprend pas.

Il avait été convenu entre eux, en Belgique, que c'en serait fini des récriminations au sujet du procès en cours, fini des ébriétés affolantes, fini des langueurs et des paresses, et qu'on s'appliquerait exclusivement, et avec énergie, à trouver le « lieu et la formule ». Ce dernier départ pour Londres avec Verlaine était l'ultime effort pour rendre celui-ci « à son état primitif de fils du Soleil », à sa pureté lumineuse de poète dégagé des amours terrestres. Verlaine, certes, subissait cette domination intellectuelle, cette volonté idéaliste, cette emprise spirituelle qui, en déterminant l'éclosion de sa personnalité poétique, lui laissera à jamais sa marque ; il est des poèmes dans son œuvre qui veulent être, qui sont des illuminations, par exemple : *Beams* (*Romances sans Paroles*), *Kaléidoscope* (*Jadis et Naguère*), écrits dans la compagnie de Rimbaud. On peut même affirmer que le spiritualisme transcendantal du visionnaire, en opprimant le sentimentalisme de Verlaine, jeta dans l'âme de celui-ci les germes d'un mysticisme, qui par la suite, en la prison de Mons, devait fleurir en foi catholique : conséquence apparemment immédiate d'une illumination reçue d'une image du Sacré-Cœur, mais conséquence lointaine et certaine de sa liaison avec Rimbaud. Toutefois, il n'était pas aisé d'affranchir entièrement une nature si passive devant les suggestions de la chair, et l'Église catholique ne devait pas y réussir davantage que l'auteur d'*Une Saison en Enfer*. Du reste, il faut croire Rimbaud lorsque, dans cet étrange et si terriblement chaste ouvrage, il dit de la « vierge folle » qu'elle était « dans son âme comme dans un palais qu'on a vidé pour ne pas voir une personne si peu noble que vous ».

Parallèlement aux initiations métaphysiques de son ami, Verlaine, qui ne parvenait à découvrir pourquoi « l'époux infernal » « voulait tant s'évader de la réalité », recevait chaque jour plus, de son milieu de bars, des excitations passionnelles. La confidence en transparaît aux *Croquis londoniens*. Et cela exaspérait au plus haut point Rimbaud. Les scènes entre eux se multipliaient au cours de nuits atroces. « Debout dans les rages et les ennuis », le jeune homme comprenait à présent qu'il perdait son temps en si molle compagnie. Il dut, une fois, sentant venir la congestion cérébrale, tant cette vie l'enfiévrait, entrer à l'hôpital…

C'est durant ce dernier et court séjour avec Verlaine à Londres que se place, sans nul doute, une circonstance physiologique qui pourrait bien avoir eu une influence sur le changement de vues de l'illuminé.

Ses dix-huit ans viennent de s'ouvrir à la vie sexuelle. Il aime d'amour plus qu'imaginatif une Londonienne « rare, sinon unique », a témoigné Verlaine. Quelle était cette Anglaise ? Était-ce une miss à laquelle il donnait des leçons ? Nous ne savons. Il ne parait pas, même, qu'il ait fait, à Verlaine ou à d'autres, de grandes confidences verbales à ce propos. Ce dut être une personne d'un rang social relativement élevé, puisqu'il n'osa pas aller loin vis-à-vis d'elle dans ses déclarations et qu'il se crut obligé, sa timidité et sa réserve l'empêchant de se présenter dans l'appartement de la belle autrement qu'en imagination, de chercher un dérivatif auprès des prostituées de la banlieue s'offrant à lui, — ainsi qu'il appert de :

BOTTOM

La réalité étant trop épineuse pour mon grand caractère, — je me trouvai néanmoins chezmadame,en gros oiseau gris-bleu s'essorant vers les moulures du plafond et traînant l'aile dans les ombres de la soirée.

Je fus, au pied du baldaquin supportant ses bijoux adorés et ses chefs-d'œuvre physiques, un gros ours aux gencives violettes et au poil chenu «le chagrin, les yeux aux cristaux et smx argents des consoles.

Tout se fit ombre et aquarium ardent. Au matin, — aube de juin batailleuse, — je courus aux champs, âne, claironnant et brandissant mon grief, jusqu'à ce que les Sabines de la banlieue vinrent se jeter à mon poitrail.

Nous laisserons à la Science le soin d'établir si, et comment, l'initiation à la vie sexuelle détermine un nouvel état mental chez le pubère et le rend plus apte à saisir les nécessités de la vie matérielle et sociale, au détriment de sa spiritualité. Constatons seulement que c'est 'au moment où Arthur Rimbaud perd sa virginité corporelle que les visions tendent à cesser et que l'état pathologique où nous venons de le voir s'améliore. À la réflexion, du reste, tout outre qu'un chaste aurait-il pu produire les *Illuminations* ?

Il n'éprouvera plus jamais la joie exclusive d'être un grand poète. Il constate même l'impossibilité d'être cela dans les temps modernes, cela qui, selon lui, comporte la pureté, la chasteté, la sainteté. « Les saints des forts s'écrie-t-il dans *Une Saison en Enfer* ; — les anachorètes : des artistes comme il n'en faut plus ! » La vie, la vie positive, cette « farce à mener par tous », le requiert. Il voudrait s'y soumettre. Mais comment ?…

Et Verlaine, de plus en plus affaissé sous ses déboires matrimoniaux, de plus en plus sollicité par l'alcool, continuait de s'intoxiquer et de s'exciter, « vierge folle », dans ses cabarets habituels. L'ami ne prenait dorénavant part à ses chagrins, à ses joies, que pour les moquer énergiquement, tâchant par là de le galvaniser dans une attitude plus virile et plus digne. Inutiles efforts. Et c'étaient, dans les cafés où ils se rencontraient le soir avec des amis, d'imprévue et ridicules scandales pouvant rejaillir en honte sur l'un et sur l'autre. Bref, comme le déclarera spontanément Rimbaud au bureau de police de Bruxelles, la société de Verlaine à Londres lui était devenue impossible.

HONTE

Tant que la lame n'aura
Pas coupé cette cervelle,
Ce paquet blanc, vert et gras
À vapeur jamais nouvelle…

(Ah ! Lui devrait couper son
Nez, sa lèvre, ses oreilles,
Son ventre ! et faire abandon
De ses jambes, ô merveille !)

Mais, non vrai, je crois que tant
Que pour sa tête la lame,
Que les cailloux pour son flanc,
Que pour ses boyaux la flamme

N'auront pas agi, l'enfant
Gêneur, la si sotte bête,
Ne doit cesser un instant
De ruser et d'être traître

Comme un chat des Monts-Rocheux,
D'empuantir toutes sphères !

— Qu'à sa mort pourtant, mon Dieu !
S'élève quelque prière…

C'est à la suite d'une de ces scènes, plus extravagante sans doute que les précédentes, d'une « discussion née des reproches que je lui faisais sur son indolence et sur sa manière d'agir envers les personnes de notre connaissance » — atténuera Rimbaud devant le juge d'instruction de Bruxelles, — que Verlaine, sans rien dire, le 4 ou le 5 juillet 1873, quitta l'Angleterre et s'enfuit en Belgique.

X

Dans l'explication fournie par Rimbaud au magistrat brabançon[26] et concernant l'objet de la discussion qui détermina ce départ furtif de Verlaine, il faudrait, pour arriver à la connaissance entière de la vérité, surtout lire entre et sous les lignes. Un procès-verbal d'interrogatoire n'offre jamais que le résumé, plus ou moins intelligemment présenté par le greffier sous la dictée du juge plus ou moins bien compréhensif lui-même, des réponses au questionnaire. Il va de soi, au surplus, que Rimbaud, si habile ait été le magistrat, n'alla pas lui confier par le menu l'intimité de ses griefs contre le « pauvre frère » qu'il s'efforçait, dès lors, à sauver d'une terrible inculpation. Aussi, chercherons-nous, parmi les faits ignorés et insoupçonnés de la justice belge, d'autres motifs à la

« discussion » que les reproches faits à Verlaine sur son indolence et sa manière d'agir avec les personnes de connaissance.

Nous venons de montrer la tension dans les rapports des deux amis à Londres. Ils étaient devenus intolérables l'un à l'autre, c'est positif. La sentimentalité de Verlaine, en désespoir de cause et peut-être par esprit d'imitation, s'était reprise à l'amour conjugal. Malmené par Rimbaud, incité par la nostalgie du ménage réel, du foyer familial, il essayait, par l'entremise de sa mère, de négocier avec sa femme une réconciliation et Madame Verlaine, heureuse à l'idée du retour de son fils près d'elle à Paris, lui célait sans doute les difficultés et ne le désespérait point, voyant certes aussi, quoique bien à tort, dans la séparation des deux poètes te moyen d'enrayer la dissipation d'une fortune qui était loin d'être inépuisable. Elle avait réussi à savoir, peut-être à obtenir, que son Paul ne serait l'objet d'aucune poursuite relativement à la Commune.

À la fin de juin, le Pauvre Lélian recevait de sa mère de bonnes nouvelles quant à la marche des négociations matrimoniales. Il n'y avait plus, au dire de l'excellente femme, puisqu'on restait sceptique à l'endroit de la bénévolence des conseils de guerre répressifs, qu'à prendre rendez-vous à Bruxelles pour y sceller, en quelque sorte, le pacte réconciliateur ; mais il fallait absolument, si l'on voulait à ce rendez-vous une issue contraire de celle du rendez-vous de l'an passé,, celui raconté dans *Birds in the night*, que Rimbaud fût écarté.

Lorsque celui-ci eut connaissance de cette combinaison, sa clairvoyance, sa divination se laissèrent aller envers Verlaine à des sarcasmes. au sujet d'un si fol espoir ; et ce fut là, croyons-nous, le point de départ de la discussion. Rimbaud, nous l'avons laissé entendre et *Une Saison en Enfer* le crie, ne demandait pas mieux que de se séparer de Verlaine ; mais, en ce moment, il le voyait courir à une déception tragique, et son affection lui commandait de le retenir par les moyens éprouvés de la moquerie violente. Verlaine, cette fois, résista. Rimbaud émit à nouveau la prétention, légitime, de rentrer, avant toute rupture, en possession des papiers laissés imprudemment chez les Mauté, papiers qui, eu égard à l'incompréhension malveillante, pouvaient constituer une arme, contre Verlaine surtout ; et cela, il le fit avec une fermeté telle, que le Pauvre Lélian eut la sensation de se trouver en face de l'irrévocable : il y avait si longtemps que Rimbaud insistait pour ravoir ses manuscrits !

Aussi, fût-ce une grande détresse pour le poète de la *Bonne Chanson.* Bercé sur les ailes de la chimère reconvolante des justes amours, il voit son essor retenu par la juste réclamation de l'amitié. Se laisser accompagner par Rimbaud dans la rencontre désirée avec l'épouse, par Rimbaud, grief majeur de celle-ci contre l'époux, est un jeu vraiment dangereux, vraiment impossible à tenter ; et cependant — la suite des déboires conjugaux de Verlaine le prouvera — le seul gage que les Mauté eussent pu donner à une réconciliation, le seul acte qui aurait pu garantir la sincérité d'un rapprochement, Rimbaud voulant rompre, était la restitution de ces papiers.

Hélas ! Verlaine, pour son propre malheur, devait toujours manquer de prudence positive. Au lieu de se rendre à la judicieuse et inexorable logique de son ami, il préféra, dans le trouble de sa conscience et de son cœur, le lendemain ou le surlendemain de la discussion, s'enfuir subrepticement après avoir, en catimini, donné, par lettre, rendez-vous à sa femme et à sa mère.

Aussitôt en mer, le Pauvre Lélian, réfléchissant sans doute aux observations de son ami, lui écrivit pour s'excuser de son muet départ. Dans sa lettre, il disait que si, dans les trois jours, sa femme ne répondait pas à son appel, il se tuerait. On connaît le cœur de Rimbaud. Sûr d'avance que la jeune dame Verlaine ne viendrait pas au rendez-vous, et craignant qu'alors l'époux, dans une crise d'exaltation, se livrât à l'extrémité annoncée ou à toute autre aussi funeste[27], il posta deux lettres au fugitif pour l'engager, soit à revenir à Londres, soit à lui fournir les moyens d'aller le rejoindre à Bruxelles. Il voulait, cela éclate d'évidence, protéger Verlaine contre lui-même.

Arrivé à Bruxelles, le Pauvre Lélian y rencontra seulement sa mère. Sa femme, bien entendu, avait refusé de venir ; et il en fut affreusement déçu. Pourtant, la maman, dans le désir de ramener son fils avec elle à Paris, essayait de lui rendre de l'espoir.

À la poste, il trouva les lettres de l'abandonné, et lui télégraphia aussitôt de venir le retrouver à l'hôtel de Courtrai, rue des Brasseurs.

Rimbaud arriva le mardi 8 juillet.

Quand le souverain poète des *Illuminations* entra dans la chambre où étaient réunis Verlaine et sa mère, l'auteur des *Romances sans Paroles* se sentait une lassitude déjà des' propos terre-àterre dont, bien affectueusement pourtant, on voulait le capturer depuis deux ou trois jours. L'ami apparaissant, ce lui fut la vision de ta liberté et de la poésie reconquises. Encore, il obéit exagérément à son impulsion. S'étant jeté ; dans les bras de Rimbaud, il clama le vœu de ne jamais plus quitter son congénère spirituel, son maître !

L'étonnement de Madame Verlaine fut grand en présence de cette joie extravagante, se substituant si vite au désespoir de la minute précédente. Cependant la fin de !a journée fut calme, dans de la cordialité.

Le mercredi, on examina ta situation et l'on délibéra sur les décisions à prendre. Verlaine, s'imaginant l'ami retrouvé pour toujours, et sachant qu'il n'y avait rien à faire de pratique pour eux en Belgique, fut d'abord d'avis de retourner en Angleterre pour reprendre la vie en commun dans de l'idéal et dans des occupations de professorat. Rimbaud, décidé foncièrement, dès avant son départ de Londres, à cesser tout compagnonnage avec Verlaine une fois la catastrophe évitée, ne voulut pas se ranger à cet avis ;

il objecta qu'avant de prendre une détermination engageant l'avenir, il entendait faire un voyage à Paris pour y rentrer, coûte que coûte, en possession de ses papiers : le « veuf » resterait, en attendant, sous l'égide de sa mère. Tantôt Verlaine, assombri par cette décision, manifestait l'intention d'accompagner Rimbaud à Paris pour, disait-il, aller faire justice de sa femme et)de ses beaux-parents tantôt il se refusait à l'acrcompagner, sous le prétexte que Paris lui rappellerait de trop tristes souvenirs. Parfois aussi, dans des moments de défi pervers et d'irritation malicieuse, il disait vouloir se rendre rue Nicolet pour y faire une dernière tentative de rentrée en grâce, et, alors, il défendait à Rimbaud de l'accompagner et le menaçait d'un abandon sans le sou sur le pavé de Bruxelles. Le jeune homme, de caractère si direct, s'énervait de ces flottements ; la colère lui montait de cette méprise. Il déclara, ce jour-là, être bien décidé, puisqu'il en était ainsi, à ne point quitter Verlaine d'une semelle, tant que celui-ci ne lui aurait pas rendu ses manuscrits ou tant qu'il ne lui aurait pas, par don ou par prêt, remis l'argent nécessaire au voyage pour aller les quérir lui-même chez les Mauté. Mais à cette heure, aussitôt que Rimbaud parlait de s'en aller à Paris, Verlaine tombait en détresse, refusait l'argent et faisait mille instances pour retenir l'obstiné. Rimbaud ne fléchissait point. Verlaine entrait en fureur. Il n'y avait, dans ces conditions, pas de solution possible au débat. Verlaine sortit et alla s'enivrer...

Les conseils de la nuit, en affermissant Rimbaud dans sa volonté de rupture et de départ, ne firent qu'accroître son indignation et renforcer sa décision.

Dès l'aube du jeudi, il signifie à Verlaine sa résolution de partir le jour même pour Paris ; il lui demande péremptoirement le louis indispensable au trajet en chemin de fer et lui annonce, en même temps, que tout rapport entre eux doit cesser, que c'est l'intérêt de tous et, par dessus tout, le sien à lui, Verlaine ! Celui-ci, empêché par l'alcool de sagement réfléchir durant la nuit, reçoit ces injonctions comme une blessure a sa sentimentalité, et, dans le dessein d'atténuer sa souffrance, il descend, vers six heures du matin, pour aller encore absorber des liqueurs.

À midi, il rentra, très surexcité par l'ivresse. Néanmoins Rimbaud, impatient de partir, lui formule de nouveau, avec énergie, sa requête. Verlaine sort un revolver de sa poche.

— Que comptes-tu faire de cela ? dit Rimbaud

— C'est pour vous, c'est pour moi, c'est pour tout le monde ! balbutie Verlaine.

Le geste, pourtant, n'inquiète pas trop le jeune homme. La scène se passe devant Madame Verlaine : est-ce la présence de celle-ci qui le rassure ? Cependant son interlocuteur est comme fou et redescend boire.

C'est à ce moment que, profitant de l'absence de l'absinthé, Rimbaud, pour couper court à une altercation qui prenait des allures sinistres, demanda à Madame Verlaine les vingt francs indispensables au départ.

La pauvre femme, troublée, hésitait encore, quand son fils remonta et, furieux, voulut s'interposer. Puis, comme

Rimbaud, écœuré de ce marchandage, jurait que nulle pression ne l'obligerait désormais à rester et qu'il allait partir à pied, sur-le-champ, le Pauvre Lélian alla fermer à clef la porte donnant sur le palier, s'assit sur une chaise contre cette porte, sortit son revolver et tira sur son contradicteur debout contre le mur d'en face et impassible dans son masque de jeunesse, en lui criant :

— Tiens, voilà pour toi, puisque tu pars !...

Un premier coup de feu atteignit Rimbaud au poignet gauche ; un second alla se perdre dans le parquet.

On sait la suite le remords immédiat de Verlaine, exprimé dans les termes les plus contrits ; le geste qui lui fit tendre l'arme à sa victime pour qu'elle lui brulât la cervelle ; le pardon accordé tout de suite ; le pansement à l'hôpital Saint-Jean ; le retour à l'hôtel, où Verlaine et sa mère proposèrent au blessé de rester avec eux ou de retourner à l'hôpital à leurs frais jusqu'à guérison complète le refus de Rimbaud, sa volonté persistante de s'en aller, non à Paris, maintenant qu'il avaitune balle dans le poignet et le bras en écharpe, mais dans les Ardennes, auprès des siens la nouvelle crise de désespoir de Verlaine ; les vingt francs donnés toutefois par Madame Verlaine mère à l'ami si indulgent de son fils, et leur acheminement à tous les trois vers la gare du Midi.

Chemin faisant, le Pauvre Lélian, qui nonobstant ne parvenait à se résigner à la séparation, tentait toujours, par les arguments crus les mieux capables de toucher le poète des *Illuminations*, de le retenir. Devant Rimbaud inébranlable, son exaltation croissait, croissait... Par quelle aberration, après la scène de l'hôtel, avait-il remis et gardé le revolver armé dans sa poche ? Sa main droite le soupesait sans trêve, machinalement sans doute... Place Rouppe, sous l'empire d'une nouvelle folie homicide, il se détache soudain du groupe, fait rapidement quelques pas en avant et, revolver au poing, revient brusquement sur Rimbaud qui, pris de peur cette fois, s'enfuit, poursuivi par le forcené, et va se réfugier près d'un agent de police en demandant protection. Voici d'ailleurs comment Verlaine, dans *Mes Prisons*, confirme ce récit tracé d'après le dossier du procès qui va résulter des faits :

En juillet 1873, à Bruxelles, par suite d'une dispute dans la rue, consécutive à deux coups de revolver dont le premier avait blessé sans gravité l'un des interlocuteurs et sur lesquels ceux-ci, deux amis, avaient passé outre en vertu d'un pardon demandé et accordé dès la chose faite, — celui qui avait eu le si regrettable geste, d'ailleurs dans l'absinthe auparavant et depuis, eut un mot tellement énergique et fouilla dans la poche droite de son veston où l'arme encore chargée et dégagée du cran d'arrêt se trouvait par malchance, — ce d'une tellement significative façon, que l'autre, pris de peur, s'enfuit à toutes jambes par la vaste chaussée (de Hall, si ma mémoire est bonne) poursuivi par le furieux, à l'ébahissement des ponsPelches traînant leur flemme d'après-midi sous un soleil qui faisait rage. Un sergent de ville qui flânait par là ne tarda pas à cueillir délinquant et témoin. Après un très sommaire interrogatoire au cours duquel l'agresseur se dénonça plutôt que l'autre ne l'accusait, tous deux, sur l'injonction du représentant de la force armée, se rendirent en sa compagnie à l'hôtel de ville, l'agent me tenant par le bras, car il n'est que temps de dire que c'était moi l'auteur de l'attentat et de l'essai de récidive dont l'objet se trouvait n'être autre qu'Arthur Rimbaud...

Madame Verlaine, dans un état d'affolement très compréhensible, rejoignit les deux amis et les suivit au poste de la Grand-Place. Il était environ six heures après-midi.

Procès-verbal fut dressé. L'agent déclara nous continuons de raconter sur pièces — que Rimbaud, en se réfugiant près de lui, fort ému et montrant son bras en écharpe, avait dit qu'il craignait d'être tué par Verlaine, duquel, la veille vers deux heures (ici il y a erreur sur)e procèsverbal, c'est : le même jour à deux heures, qu'il faut rectifier), il avait déjà essuyé un coup de feu. Le commissaire de police, dans son interrogatoire succinct, demanda à Verlaine des explications sur ces violences ; et Verlaine répondit que la raison en était dans l'obstination de Rimbaud à vouloir se séparer de lui. Rimbaud, questionné à son tour, exposa, sans davantage préciser, que la société de Verlaine à Londres lui était devenue impossible et que cependant il n'en gardait pas rancune ; il refusa de porter plainte formelle et, sur observation du commissaire, il fit remarquer que si, tout à l'heure, son ancien compagnon l'avait laissé partir librement, jamais la pensée ne lui serait venue de parler à l'agent de sa blessure préalable ni de s'en plaindre : et ceci explique pourquoi, sur tous les documents du procès, le blessé n'est jamais cité que comme témoin. Madame Verlaine, interrogée ensuite, ne sut résister à l'effroi maternel qui lui fit croire qu'en chargeant la victime, elle déchargerait le coupable. « Depuis deux ans environ, dit-elle, Rimbaud vit aux dépens de mon fils qui a eu à se plaindre de son caractère acariâtre et méchant. » Son égoïsme tendre, sans qu'elle se rendît compte qu'en déposant ainsi elle ouvrait le champ à des suppositions de crime passionnel, la faisait injuste et aveugle : nous ne songeons pas, répétons-le, à lui en faire reproche. Elle ajouta pourtant que son fils avait agi dans un moment d'égarement alcoolique. Laissons Verlaine raconter lui-même l'issue de la comparution :

> Après le plus court, mais, grâce à un insouci à moi plus peut-être qu'à mon compagnondes conséquences qui pouvaient s'ensuivre pour votre serviteur, le plus circonstancié des procès-verbaux (est-ce bien l'expression ?), le magistrat relâcha Rimbaud, tout naturellement, mais en le prévenant d'avoir à se tenir à la disposition et décida que je serais conduit sur-le-champ à l'Amigo[28].

L'administration de la justice de Brabant, saisie de l'affaire, ouvrit une instruction. Après une nuit passée à l'Amigo, le « violon » bruxellois, Verlaine se vit incarcérer à la prison préventive des Petits-Carmes, sous l'inculpation de tentative d'assassinat ; tandis que Rimbaud, entré à l'hôpital Saint-Jean, se faisait soigner de sa blessure.

Dès le 12 juillet, deux jours après le drame, le magistrat instructeur vint à l'hôpital recueillir la déposition du « témoin ». Cette déposition et aussi celle qui sera prise le 18 juillet ont été publiées par M. Edmond Lepelletier dans sa biographie de Verlaine, avec çà et là des infidélités sans grande importance d'ailleurs[29], si ce n'est que la déposition du 18, au contraire des dires de M. Lepelletier, fait, non pas partie de l'instruction en appel, mais de l'instruction en première instance. Ce qui est jusqu'ici demeuré ignoré — et on se demandera en craignant comprendre, pourquoi l'auteur de *Paul Verlaine*, qui eut à sa disposition le dossier, n'a pas produit ni même signalé dans son récit du procès, une pièce aussi importante — c'est l'acte spontané du blessé allant, à sa sortie de l'hôpital, où la balle de revolver avait été extraite la veille, porter lui-même dans le cabinet du juge d'instruction, avant de partir pour la France, la déclaration suivante écrite sur timbre (pièce n° 18 du dossier).

Je soussigné Arthur Rimbaud, 19 ans[30], homme de lettres, demeurant ordinairement à Charleville (Ardennes françaises) déclare, pour rendre hommage à la vérité, que le jeudi 10 courant vers 2 heures, au moment où M. Paul Verlaine, dans la chambre de sa mère, a tiré sur moi un coup de revolver qui m'a blessé légèrement au poignet gauche, M. Verlaine était dans un tel état d'ivresse qu'il n'avait point conscience de son action

Que je suis intimement persuadé qu'en achetant cette arme, M. Verlaine n'avait aucune intention hostile contre moi, et qu'il n'y avait point de préméditation criminelle dans l'acte de fermer la porte à clef sur nous ;

Que la cause de l'ivresse de M. Verlaine tenait simplement à l'idée des contrariétés avec Mme Verlaine, sa femme.

Je déclare, en outre, lui offrir volontiers et consentir à ma renonciation pure et simple à toute action criminelle, correctionnelle et civile et me désister dès aujourd'hui des bénéfices de toute poursuite qui serait ou pourrait être intentée par le Ministère Public contre M. Verlaine pour le fait dont s'agit.

A. RIMBAUD.

Samedi, 19 juillet 1873.

En marge : Cette pièce nous a été remise dans notre cabinet par M. Rimbaud.

Le juge d'instruction,
TH. T'SERSTEVENS.

Aussitôt l'incarcération de Verlaine, le parquet de Paris, informé, avait transmis à la justice belge les articulations de la demande en séparation de corps introduite par les Mauté, au nombre desquelles se trouvait celle incriminant la liaison des deux poètes. Si bien que, dès la première comparution devant le magistrat instructeur, ils furent interrogés sur la nature de leurs relations. À la question du juge demandant s'ils avaient eu ensemble des rapports d'homosexualité, Verlaine répondit : « Non », tranquillement. Rimbaud, lui, n'attendit même pas la question ; il la prévint en la repoussant dédaigneusement

D. — Connaissez-vous le motif des dissentiments de Verlaine et de sa femme ?

R. — Verlaine ne voulait pas que sa femme continuât d'habiter chez son père.

D. — N'invoque-t-elle pas aussi comme grief votre intimité avec Verlaine ?

R. — Oui, elle nous accuse même de relations immorales. Mais je ne veux pas me donner la peine de démentir de pareilles calomnies.

Toute la vérité des faits de cette liaison, comme la psychologie respective des deux poètes en l'occurrence, est là, dans leurs paroles comme dans leur attitude. Il est déplorable que la perspicacité des magistrats brabançons ne s'y soit point tenue. Mais, pour un juge de tout pays, quel témoignage d'un artiste aux allures irrégulières et singulières pourrait détruire les allégations de la procédure engagée par un ancien notaire ? L'instruction sur ce point fut poursuivie. En ce qui concernait personnellement Verlaine, elle aggrava les présomptions. Et tous les efforts de Rimbaud pour sauver son agresseur n'aboutirent qu'à correctionnaliser l'affaire, à muer l'inculpation de tentative d'assassinat en accusation de coups et blessures, c'est-à-dire à conduire Verlaine devant une juridiction où les chances d'acquittement sont moindres qu'en cour d'assises. Les présomptions retenues lui valurent le maximum de la peine, deux ans de prison. Le jugement fut rendu le 8 août 1873.

De l'examen du dossier, il ne résulte nullement que les juges bruxellois, pour justifier, si l'on peut dire, leur sévérité, aient fait entrer en ligne de compte la compromission de l'accusé dans les faits insurrectionnels de 1871, ni sa qualité de poète — comme l'a écrit fort légèrement M. Lepelletier. Peut-être l'organe du Ministère publie, dans son réquisitoire, en a-t-il fait mention à l'audience. Verlaine, en tout cas, dans *Mes Prisons*, au chapitre où il décrit avec une gaieté un peu rancunière ce réquisitoire, n'en dit pas un mot et se gausse seulement de ce que le magistrat debout lui ait reproché d'être étranger.

Donc, la rigueur de la condamnation a été due uniquement aux calomnies, aux diffamations venues de France. Il y a plus. Après que le Pauvre Lélian eut fait appel de ce jugement, il arriva de la Préfecture de police de Paris un rapport, daté du 21 août 1873, qui, loin d'atténuer ou de modifier les présomptions contre Verlaine, les confirma, au contraire, et les augmenta. Les renseignements contenus dans ce rapport, dont nous avons déjà parlé plus haut, venaient indubitablement de la même source que ceux acquis au début de l'affaire ; et il s'ensuit que si Verlaine, le 27 août, en appel, ne fut pas condamné à plus forte peine, il ne le dut point à ses anciens amis ni à ses beaux-parents, mais à la loi elle-même, dont, en première instance, ou lui avait appliqué le maximum pénal. Puisse, du moins, ce terrible exemple servir de leçon à messieurs les potiniers des lettres et des arts !...

XI

Les coups de revolver de Verlaine ne furent pas, on le conçoit, pour ramener Rimbaud à la poésie écrite, dont on sait qu'il se détachait peu à peu ; descendant ainsi les degrés de la haute tour qu'il s'était édifiée dans le ciel et du sommet de laquelle, en considérant à ses pieds le combat des hommes, il avait rêvé, il avait vu la communion des bons et des méchants dans la joie et l'épanouissement spirituel de l'amour réinventé. À ce moment-la, s'il trouvait la terre laide, il espérait encore la venue d'un temps où tous les cœurs s'éprendraient. Maintenant, c'était fini. L'homme qu'il avait aimé le plus au monde, l'esprit qui lui avait semblé le mieux apparenté au sien et que, un instant, il avait cru pouvoir emporter avec lui au faite de la tour, près du soleil, se révélait inaffranchissable des passions communes et incapable à jamais de gravir les lumineuses puretés. Ce fut, pour le mage, pour l'ange que Rimbaud se sentait être, la chute mate dans les ténèbres et les affres de la réalité.

Sur le lit d'hôpital, parmi la froideur de la salle aux blancheurs de linceul et aux relents pharmaceutiques, son âme se débat dans une détresse d'agonie ; et les visites inquisitoriales du juge d'instruction sont pour elle des coups de couteau plus douloureux que ne le sont pour sa chair les coups de bistouri du médecin cherchant dans son poignet le plomb qui lui engourdit le bras. Les questions tendent visiblement à interpréter en trivialités honteuses ce que les candeurs de son génie avaient apporté d'héroïque pureté dans sa liaison avec Verlaine ; il n'est jusqu'à ses élans cordiaux qui ne soient appréciés à rebours. La rancœur, ressentie naguère à Londres, de n'être compris par personne, même par son compagnon, se transforme de crainte en certitude. Nul être humain, même parmi ceux à qui il sera donné de fouiller dans son intimité morale, ne doit donc jamais parvenir à le connaître !

Dès lors, il lui apparaît que certainement il n'est pas du monde réel et que tous ses efforts pour divulguer les splendeurs et promouvoir les êtres de son monde, à lui, ne servent de rien. Et « l'odeur de l'encens » lui revient toute « puissante ». Il retourne en arrière, dans sa vie : il se voit communiant mystique, ravi dans les graves beautés de l'Évangile et dans les magnificences de la liturgie catholique. Après avoir vécu la vie littéraire, cet enfer, cette vie factice de « saltimbanque, mendiant, artiste, bandit » ; après avoir connu toute la poésie, toute l'idéologie, après les avoir recréées après avoir rêvé de posséder toutes les impressions possibles et impossibles, il songe à se faire prêtre, « gardiendes aromates sacrés, confesseur, martyr » … Prêtre. Être prêtre ! Ne serait-ce pas la voie dans laquelle les trois rois de sa vie, son cœur, son âme et son esprit, pourraient sans vanité opérer les miracles que le torrent de son impulsion créatrice, filtré par le malheur, lui commande encore ? Mais son « mauvais sang » bouillonne et ricane de révolte à cette idée :

> Je ne me crois pas embarqué pour une noce avec Jésus-Christ pour beau-père, — dit-il. — Je ne suis pas prisonnier de ma raison. J'ai dit : Dieu. Je veux la liberté dans le salut[31].).

C'est que les forces séraphiques de sa patience ne doivent pas triompher encore dans la bataille engagée contre les forces sataniques de son impétuosité. Il le sent de reste quand, le juge d'instruction lui posant des questions insidieuses, il se laisse aller aux violences de son irrépressible emportement.

Car les interrogatoires de Rimbaud n'offrirent pas, en leur aspect réel, le calme présenté par les procès-verbaux. Le jeune homme opposa aux investigations judiciaires traquant Verlaine dans le secret de sa vie privée la protestation véhémente d'un frère défendant son frère contre la salissure, sinon souhaitée, sinon voulue par leurs ennemis communs, du moins imbécilement crue, du moins malignementsupposée pareux.En même temps que la répulsion et la colère éprouvées devant cette curiosité trop zélée de magistrats voûtant absolument découvrir de l'immoralité dans ce qui était seulement un paradoxe d'amitié chez deux grands poètes, illui montait du cœur à la gorge un intense dégoût, un mépris définitif à l'endroit des initiateurs, des propagateurs de la calomnie, ceux qu'il appelle désormais « les mendiants, les brigands, les amis de la mort, les arriérés de toutes sortes » de l'enfer parisien. Hermine, il s'était autrefois, parmi ces gens, « roulé dans la boue », sûr que rien ne pourrait jamais essentiellement altérer sa blancheur impavide et voici que la poussière impure dont il lui faut se secouer aujourd'hui aveugle les puissances sociales disposant de l'honneur des individus, et qui ont peine à discerner que ces pulvérulences sont étrangères à sa nature

Il y a, dans l'œuvre de Paul Verlaine, des témoignages certains et précis de la chasteté d'Arthur Rimbaud.

Outre le poème *Crimen amoris,* dont nous avons cité plus haut des strophes fidèlement évocatrices, et qui n'est si beau que parce qu'il est dicté tout entier par le souvenir de l'auteur des *Illuminations*, on peut lire, dans *Jadis et Naguère,* la si touchante protestation de ce sonnet de mètre impair :

VERS POUR ÊTRE CALOMNIÉ

Ce soir je m'étais penché sur ton sommeil.
Tout ton corps dormait chaste sur l'humble lit,
Et j'ai vu, comme un qui s'applique et qui lit,
Ah ! j'ai vu que tout est vain sous le soleil

Qu'on vive, ô quelle délicate merveille,
Tant notre appareil est une fleur qui plie !

Ô pensée aboutissant à la folie !
Va, pauvre, dors, moi, l'effroi pour toi m'éveiile.

Ah ! misère de t'aimer, mon frêle amour
Qui vas respirant comme on expire un jour !
Ô regard fermé que la mort fera tel !

Ô bouche qui ris en songe sur ma bouche,
En attendant l'autre rire plus farouche !
Vite, éveille-toi. Dis, l'âme est immortelle ?

Écrits à Londres en 1873, dans la compagnie de Rimbaud et incontestablement inspirés par sa présence, ces quatorze vers ne forment-ils pas comme la paraphrase anticipée, contemporaine plutôt, de ce passage d'*Une Saison en Enfer* où Rimbaud met dans la bouche de la "vierge folle", Verlaine, ces paroles :

À côté de son cher corps endormi, que d'heures des nuits j'ai veillé, cherchant pourquoi *il voulait tant s'évader de laréalité. Jamais homme n'eut pareil vœu...*

et de cet autre passage, où toujours parle la « vierge folle » :

Ainsi, mon chagrin se renouvelant sans cesse, et me trouvant plus égarée à mes yeux, — comme à tous les yeux qui auraient voulu me fixer, si je n'eusse été condamnée pour jamais à l'oubli de tous ! — j'avais de plus en plus faim de sa bonté. Avec ses baisers et ses étreintes amies, c'était bien un ciel, un sombre ciel, où j'entrais, et où j'aurais voulu être laissée, pauvre, sourde, muette, aveugle. Déjà j'en prenais l'habitude. Je nous voyais comme deux bons enfants, libres de se promener dans le Paradis de tristesse. Nous nous accordions. Bien émus, nous travaillions ensemble. Mais, après une pénétrante caresse, il disait « Comme ça te paraîtra drôle, quand je n'y serai plus, ce par quoi tu as passé. Quand tu n'auras plus mes bras sous ton cou, ni mon cœur pour t'y reposer, ni cette bouche sur tes yeux. Parce qu'il faudra que je m'en aille, très loin, un jour. Puis il faut que j'en aide d'autres : c'est mon devoir. Quoique ce ne soit guère ragoûtant... *chère âme...* » Tout de suite, je me pressentais, lui parti, en proie au vertige, précipitée dans l'ombre la plus affreuse : la mort.

(Comme cette dernière phrase restitue bien la psychologie de Verlaine à Bruxelles, au moment des coups de revolver !)

Dans *Jadis et Naguère*, on trouve encore un sonnet de protestation, cette fois plus véhémente, *le Poète et la Muse*, sonnet composé après 1875 et dans lequel, ayant de réaliste façon, décrit, aux deux quatrains, sa cohabitation
avec Rimbaud, Verlaine place ces tercets :

> Qu'on l'entende comme on voudra, ce n'est pas ça
> Vous ne comprenez rien aux choses, bonnes gens.
> *Je vous dis que ce n'est pas ce que l'on pensa.*
>
> Seule, ô chambre qui fuis en cônes affligeants,
> Seule, tu sais ! Mais sans doute combien de nuits
> De noce auront *déviriginé* leurs nuits depuis !

tercets desquels l'*Explication,* écrite dans la prison de Vouziers en mai 1885, se lit dans *Parallèlement* :

> Le bonheur de saigner sur le cœur d'un ami,
> Le besoin de pleurer bien longtemps sur son sein,
> Le désir de parler à lui, bas à demi,
> Le rêve de rester ensemble sans dessein !
>
> Le malheur d'avoir tant de belles ennemies,
> *La satiété d'être une machine obscène,*
> L'horreur des cris impurs de toutes ces lamies,
> Le cauchemar d'une incessante mise en scène !
>
> Mourir pour sa Patrie ou pour son Dieu, gaiement,
> Ou pour l'autre, en ses bras, et baisant *chastement*
> La main qui ne trahit, la bouche qui ne ment !

Le seul morceau de Verlaine, concernant Rimbaud et sa liaison avec lui, qui pourrait offrir flanc à l'équivoque par la place qu'il occupe dans *Parallèlement,* ce livre « où je *feins*[32] — dit le Pauvre Lélian dans *Mes Prisons* — de communier plutôt avec le diable », est *Læti et errabundi.* Ces vers ont été faits à l'hôpital Tenon en 1887, c'est-à-dire à une époque où la gloire naissante de Verlaine s'agrémentait, en l'esprit de certains, d'un piment de sodomie, et ils ont paru pour la première fois dans un journal littéraire dirigé par M. Georges Lecomte et intitulé *la Cravache.* Nous croyons bien avoir été le premier à les lire au chevet du malade ; et nous nous rappelons que, devant l'observation par nous faite sur l'équivoque y contenue, le poète protesta, non sans remords visible d'avoir écrit quelque chose qui pût encore prêter à de malignes et ordurières interprétations quant à ses relations avec Rimbaud. Puis il nous expliqua le sens, très simple, du poème et nous en fit toucher la réelle signification en nous soulignant ce vers :

> Scandaleux sans savoir pourquoi,

qui, évidemment, ramène toute la pièce au point.

Néanmoins la méprise tapie dans *Læti et errabundi* avait, faut-il croire, dépassé les intentions de l'auteur. On glosa dans les milieux littéraires. Verlaine en fut très impressionné, dominé qu'il demeurait par la crainte instinctive du « dieu parmi les demi-dieux », alors en Orient, et de son courroux au cas où, revenant en France, il aurait connaissance de la chose ; et c'est pourquoi, sans doute, dans les *Dédicaces*, les deux sonnets *à Arthur Rimbaud*, composés à deux ans de distance l'un de l'autre, réprouvent, en l'expliquant du reste, l'équivoque de *Læti et errabundi*.

Le premier de ces sonnets, écrit en 1889 ou 1890, avant la mort du dédicataire, se termine par ces vers :

> L'histoire t'a sculpté triomphant de la mort
> Et jusqu'aux *purs excès* jouissant de la vie,
> Tes pieds *blancs* posés sur la tête de l'Envie !

Dans le second, écrit en 1891, Verlaine vient d'apprendre la mort de son ami et, devant un dessin d'Isabelle Rimbaud représentant son frère en costume oriental, il s'écrie :

> Toi mort, mort, mort...
> Ah, mort ! Vivant plutôt en moi de mille feux
>
> *D'admiration sainte* et de souvenirs feus
> Mieux que tous les aspects vivants, même comment
> Grandioses ! de mille feux brûlant vraiment
> *De bonne foi dans l'amour chaste aux fiers aveux*

De son côté, au chapitre d'*Une Saison en Enfer* intitulé *Délires I*, commençant par ces mots : « Écoutons la confession d'un *compagnon* d'Enfer » et se terminant dans cette exclamation : « Drôle de ménage », chapitre dont nous venons de citer un peu plus haut deux passages, Arthur Rimbaud nous offre, derrière la métaphore, derrière la méprise volontaire des mots désignant les personnages, une représentation terriblement exacte de la liaison. Pour qui sait pénétrer un texte et n'en a point peur, la « vierge folle » c'est le Pauvre Lélian tout entier, dans son âme comme dans son tempérament, caractère de femme et d'enfant, passion et faiblesse, expliquant, par les raccourcis de langage que lui attribue l'auteur, sa vie à Londres avec Rimbaud, « l'époux infernal », noirci à sublime dessein, et prédisant même la conversion verlainienne de demain.

C'est d'abord une invocation pénitente au Christ :

Ô divin Époux, mon Seigneur, ne refusez pas la confession de la plus triste de vos servantes. Je suis perdue. Je suis soute. Je suis impure. Quelle vie !

Pardon, divin Seigneur, pardon ! Ah ! pardon que de larmes Et que de larmes encore plus tard, *j'espère !*

Plus tard, je connaîtrai le divin Époux ! Je suis née soumise à Lui. — L'autre peut me battre maintenant !

Et se poursuit la confidence, en laquelle, toujours par la bouche de la « vierge folle », « l'époux infernal », Rimbaud, fait de lui même, sans ménagements aucuns, un portrait dont la couleur hurle de chasteté et de spiritualité et où l'on voit que, sur le bord du gouffre de la chair, il n'a pas le vertige. Écoutons :

Je suis esclave de l'Époux infernal, celui qui a perdu les vierges folles. C'est bien ce *démon*-là. Ce n'est pas un spectre, ce n'est pas un fantôme. Mais moi qui ai perdu la sagesse, qui suis damnée et morte au monde, — on ne me tuera pas ! Comment vous le décrire ? Je ne sais même plus parler. Je suis en deuil, je pleure, j'ai peur. Un peu de fraîcheur, Seigneur, si vous voulez, si vous voulez bien !

Je suis veuve… — J'étais veuve. — Mais oui, j'ai été bien sérieuse jadis, et *je ne suis pas née pour devenir squelette !…* — Lui était presque un enfant… Ses délicatesses mystérieuses m'avaient séduite. J'ai oublié tout mon devoir *humain* pour le suivre. Quelle vie ! *La vraie vie est absente. Nous ne sommes pas au monde.* Je vais où il va, *il le faut.* Et souvent il s'emporte contre moi, MOI, LA PAUVRE ÂME. Le *Démon !* — C'est un *démon*, vous savez, CE N'EST PAS UN HOMME… [33]

Je voyais tout le décor dont, *en esprit*, il s'entourait vêtements, draps, meubles : je lui prêtais des armes, *une autre figure.* Je voyais tout ce qui le touchait, comme il aurait voulu le créer pour lui. Quand il me semblait avoir l'esprit inerte, je le suivais, moi, dans des actions étranges et compliquées, *loin*, bonnes ou mauvaises : *j'étais sûre de ne jamais entrer dans son monde...* Enfin sa *charité* est ensorcelée, et j'en suis la prisonnière. Aucune autre *âme* n'aurait assez de force, — force de désespoir ! — pour la supporter, pour être protégée et aimée par lui. D'ailleurs, je ne me le ngurais pas avec une autre âme : *on voit son Ange, jamais l'Ange d'un autre,* — je crois. *J'étais dans son dme comme dans un palais qu'on a vidé pour ne pas voir une personne si peu noble que vous :* voilà tout...

Tristement dépitée, je lui dis quelquefois : « Je te comprends ». — Il haussait les épaules.

Il veut vivre somnambule. Seules, sa bonté et sa charité lui donneraient-elles droit dans le monde réel ? Par instants, j'oublie la pitié où je suis tombée : lui me rendra forte, nous voyagerons, nous chasserons dans les déserts, nous dormirons sur les pavés des villes inconnues, sans soins, sans peine. Ou je me réveillerai, et les lois et les moeurs auront changé, — grâce à son pouvoir magique ; ou le monde, en restant le même, me laissera à mes désirs, joies, nonchalances. Oh ! la vie d'aventures qui existe dans les livres des enfants, pour me récompenser, j'ai tant souffert, me la donneras-tu ? Il ne peut pas. *J'ignore* son idéal. Il m'a dit avoir des regrets, des espoirs cela ne doit, pas me regarder. *Parle-t-il à Dieu ? Peut-être devrais-je m'adresser à Dieu...*

S'il m'expliquait ses tristesses, les comprendrais-je plus que ses railleries ? Il m'attaque, il passe des heures *à me faire honte de tout ce qui m'a pu toucher* au monde, et s'indigne si je pleure.

… Hélas ! il y avait des jours où *tous les hommes agissant lui paraissaient les jouets de délires grotesques* ; il riait affreusement, longtemps. — Puis, il reprenait ses manières de jeune mère, de sœur aînée. S'il était moins sauvage, nous serions sauvés ! Mais sa douceur aussi est mortelle…

Il va sans dire que l'expression d'époux infernal, non plus d'ailleurs que celle de vierge folle, ne doit éveiller ici aucune idée de matérialité, quelle que soit la nudité de style employée. Il en est de même pour les propositions d'apparence réaliste, telles que « nous voyagerons, nous chasserons dans les déserts, etc. », qui ne sauraient avoir un sens autre que spirituel ou mystique. Nous sommes en Enfer, c'est-à-dire dans un lieu d'où les corps sont absents et l'auteur, à son grand regret — il l'a dit — ne peut s'expliquer « sans paroles païennes ». L'apostrophe de l'époux infernal coupant, vers la fin du chapitre, la confidence de la vierge folle :

— Tu vois cet élégant jeune homme, entrant dans la belle et calme maison il s'appelle Duval, Dufour, Armand, Maurice, que sais-je ? Une femme s'est dévouée à aimer ce méchant idiot : elle est morte, c'est certes une sainte au ciel, à présent. Tu me feras mourir comme il a fait mourir cette femme. C'est notre sort, à nous cœurs charitables...

viendrait encore souligner, par l'interversion du genre des personnages, cette évidence que, dans ce « drôle de ménage », il n'y avait ni chair, ni sexe, ni rien de matériellement passionnel, et que les partenaires y sont uniquement des âmes. A-t-on remarqué aussi, en cette apostrophe, l'angoisse de Rimbaud, prévoyant son avenir perdu par la faute de son ami.

Il est clair que si le jeune poète avait ainsi exposé, au regard du juge d'instruction de Bruxelles, la psychologie de cette liaison, de ce ménage, le magistrat n'y eût rien compris ou aurait, comme l'avaient fait les Parnassiens et la belle-famille de Verlaine, compris à rebours de la vérité. Il se borna donc, ainsi que nous l'avons dit, à protester, selon la violence de certain côté de son tempérament, contre les suppositions le concernant : sa charité ne perdant point de vue, au demeurant, qu'elle se devait de faire tous les efforts possibles pour détourner du Pauvre Lélian de trop cruelles suites à ses inconscients gestes de meurtre. Et, lorsqu'il eut porté au Palais de Justice la confirmation écrite de son désistement de toute plainte (on a lu plus haut ce document), il alla prendre le train pour les Ardennes.

XII

À Roche, lorsque, le 20 juillet, vers midi, il entra dans la maison familiale, le bras en écharpe et la figure pleine de désespoir et de souffrance, on était à déjeuner, Madame Rimbaud, tenue par son fils au courant des événements, l'attendait.

À peine entré, sans répondre aux paroles de bienvenue, il va s'effondrer sur une chaise. Une crise affreuse de sanglots le secoue. « Ô Verlaine ! Verlaine ! » gémit-il seulement de temps à autre.

Quand la crise fut calmée, sa mère lui demanda s'il se rendait compte enfin du tort qu'il s'était fait en ne suivant pas le conseil, si souvent répété, de rompre avec Verlaine. Il jura, avec invectives à l'adresse des auteurs responsables du malheur, que c'en était bien fini désormais, et quoi qu'il arrivât, de cette amitié calamiteuse.

— Et tes papiers, te les a-t-on rendus, au moins ?

— Non. Je les compte à présent perdus. Du reste, je ne veux plus tenter de les ravoir.

La journée s'acheva pour lui dans la tristesse la plus morne. Il ne fallait pas songer à le consoler, refermé qu'il était ainsi farouchement sur sa peine. On essaya de le distraire. Ce fut en vain.

Dès le lendemain, s'isolant dans son grenier à grain où, au printemps, il l'avait ébauchée, il continua d'écrire et de mettre au point *Une Saison en Enfer*.

Ce jour-là et les jours suivants, dans la salle à manger, à la table de famille, il est de plus en plus triste, muet. Mais, aux heures de travail, à travers le plancher, on perçoit les sanglots qui réitèrent, convulsifs, coupés, tour à tour, de gémissements, de ricanements, de cris de colère, de malédictions.

L'état d'âme dans lequel nous avons vu Rimbaud à l'hôpital Saint-Jean de Bruxelles ne se modifiait guère parmi l'auguste sérénité de l'estivale campagne. « Le combat spirituel aussi brutal que la bataille d'hommes persistait à faire rage en lui.

La nouvelle de la condamnation de Verlaine vint exaspérer encore son dégoût du monde des lettres ; et la sévérité du tribunal brabançon l'affermit dans l'assurance que « la vision de la justice est le plaisir deDieu seul », que Dieu seul a le pouvoir de découvrir la vérité dans l'âme et le corps.

Dieu. S'il ne l'avait nié jadis, il l'avait blasphémé ; il s'était armé d'imprécations contre lui. Aujourd'hui, il ne voulait pas encore rendre les armes. Et c'est de ce fatidique conflit intérieur entre sa nouvelle vision de la divinité et sa volonté de révolte, la raison présidant au combat, qu'est sortie *Une Saison en Enfer*.

Nous ne croyons pas que cet ouvrage, de même que les *Illuminations* dont il diffère tant, ait un équivalent d'intensité en aucune littérature. Jamais drame de conscience, que nous sachions, ne fut, sur des substructions de sincérité aussi fortes, construit avec une telle puissance et une telle âpreté de verbe dévêtu, ne fut conduit avec une telle rigueur de logique dans la mêlée la plus effroyable qu'on puisse imaginer des milices du Bien en rivalité impitoyable avec celles du Mal, — et c'est surtout en cela qu'il serait, depuis les cathédrales gothiques, ce livre de quarante-cinq pages, l'affirmation la plus dense, la plus substantielle du christianisme, un témoignage poignant de la réalité catholique. Chaque mot y est un geste ; chaque proposition y est une scène ; chaque alinéa y est un acte ; il n'est jusqu'à la ponctuation qui n'y agisse décisivement. Tous coups portés par les adversaires semblent mortels ; et cependant les blessés, immortels qu'ils sont comme les lois divines, se relèvent toujours pour frapper sans moins d'énergie ni de fureur.

Ah il était revenu de bien loin, Jean-Arthur Rimbaud qui, un an auparavant, avait entrevu la communion des vices et des vertus et avait pensé, par cette fusion, ramener l'humanité & l'Eden, « à l'Orient et à la sagesse, première et éternelle ». Sophisme cela, sophisme de la folie ! juge-t-il à présent. Il le voit bien, ce rêve est *l'Impossible*. Aussi, chargé du péché d'autrui dont il se sent, dont il se croit, dont il est solidaire, car « les cadavres des méchants et des fainéants tombent sur le cœur des autres », c'est bien en Enfer qu'il est, « en bas », son être de lumière en butte à l'ignominie et à la griffe du monde, lui qui n'en est pas de ce monde, lui qui a vainement exploré ses atavismes et ses hérédités pour y reconnaître quelqu'un de semblable à lui, lui qui a gardé permanent dans sa conscience le reflet, le sceau de la dignité édénique !

> N'eus-je pas une fois une jeunesse aimable, héroïque, fabuleuse, à écrire sur des feuilles d'or, trop de chance ! Par quel crime, par quelle erreur, ai-jee mérité ma faiblesse actuelle ? Vous qui prétendez que des bêtes poussent des sanglots de chagrin, que des malades désespèrent, que des morts rêvent mal, tâchez de raconter ma chute et mon sommeil. Moi, je ne puis pas plus m'expliquer que le mendiant avec ses continuels *Pater* et *Ave Maria. Je ne sais plus parler*[34]*!*

Il ne sait plus parler, maintenant que faible, maintenant que les yeux dessillés à la sombre réalité terrestre, il a vu~ce monde méchant, peccamineux, maudit, incitateur de crime et de mort ; qui est « bien l'Enfer, l'ancien, celui dont le fils de l'Homme ouvrit les portes », et qu'il personnifie dans Satan en lui dédiant son ouvrage.

Mais quelle erreur personnelle lui a donc valu sa chute, cette chute dans cette nuit ? « Je n'ai pas fait le mal », dit-il. Ne serait-ce point le péché originel, cette tare adamique, qui, par transmission, en l'ayant fait naître poète, lui obscurcit parfois l'esprit et l'endort ? Oui, c'est cela car, « s'il avait été éveillé jusqu'à ce moment-ci », son esprit, c'est qu'il n'aurait pas « cédé aux instincts délétères, à une époque immémoriale ». Pour avoir voulu, comme le premier homme, goûter aux fruits de l'arbre de la science du bien et du mal, le voici identifié avec l'humanité selon le concept catholique, avec cette humanité dont il assume, dès la première page de son livre, les désastres, les forfaits et la démence.

Son esprit dort. « S'il était bien éveillé toujours à partir de ce moment », il serait bientôt à la vérité « qui peut-être nous entoure avec ses anges pleurant ». « S'il avait toujours été bien éveillé », il voguerait « en pleine sagesse !… Ô pureté, pureté » !

Il ne sait plus parler. Il ne veut plus parler. Car parler comme parlent les autres hommes, à quoi bon ? Il le saurait, certes. Il l'a fait autrefois, et mieux qu'eux ! À présent, il trouve cela stupide

> N'y a-t-il pas un supplice réel en ce que, depuis cette déclaration de la science, le christianisme, l'homme *se joue*[35], se prouve des évidences, se gonfle du plaisir de répéter ces preuves, et ne vit que comme cela ? Torture subtile, niaise ; source de mes divagations spirituelles. La nature pourrait s'ennuyer, peut-être ! M. Prudhomme est né avec le Christ.

Sans doute, il y aura des heures où son esprit sera bien éveillé, où il voguera en pleine sagesse, dans la pureté. « Mais l'horloge ne sera pas arrivée à ne plus sonner que l'heure de la pure douleur », et le péché originel reviendra « déchirante infortune ! » — arrêter de nouveau son ascension vers Dieu, vérité, justice, charité, lumière, beauté. Il retombera alors dans la *Nuit de l'Enfer*, dans le monde délirant et grotesque, qui lui soufflera le doute, l'erreur, la haine, « magies, parfums faux, musiques puériles », l'art, la laideur, la sottise[36] ; qui lui criera : « Orgueil » quand il aura des élans mystiques, non plus pour les bizarreries du style et les nouveautés de la pensée, mais vers la perfection morale, le Ciel ; qui l'humiliera, qui essayera de le déshonorer. Ce sera « le sommeil dans un nid de flammes » ; et il se complaira encore, peut-être, dans les menteuses délices de ce supplice, où « les hallucinations sont innombrables ». Nonobstant, quoique passé maître en ces « fantasmagories », pour ne pas exciter l'envie, il s'en taira. « Poètes et visionnaires seraient jaloux », déclare-t-il. « Je suis mille fois le plus riche, soyons avare comme la mer. »

Et, avec une cruauté de « bête féroce a, il raille, dans les chapitres intitulés *Délires*, ce à quoi son cœur et son imagination se sont jusqu'ici le plus attachés au monde ; il est sans pitié pour lui-même, sans pitié pour les créations antérieures de son génie.

De temps en temps, un *Éclair* vient sillonner sa nuit Tu travailleras à la sueur de ton front ! C'est la parole de Dieu à Adam après le péché, reprise par « l'Ecclésiaste moderne, c'est-à-dire *Tout le monde* ». Hélas ! il a « horreur de tous les métiers » ; le laboureur, ainsi que l'écrivain, le dégoûte :

« la main à plume vaut la main à charrue » ; il n'aura jamais sa main... Et l'éclair s'efface. Le damné retombe dans l'obscurité, bientôt resillonnée de la fulgurance, qui montre maintenant le travail et le salut dans le sacerdoce ou dans le cloître[37]... La nuit se referme, suggérant l'idée du suicide.

Est-ce l'aube qui pointe

> Non non à présent — s'écrie Rimbaud — je me révolte contre la mort ! Le travail paraît trop léger à mon orgueil ma trahison au monde serait un trop court. Au dernier moment, j'attaquerais à droite, à gauche. Alors — oh ! – chère pauvre âme, l'éternité serait-elle pas perdue pour nous !

Le *Matin* paraît. Les ténèbres sont dissipées. Comme toujours, ce matin-là, les yeux las du maudit « se réveillent à l'étoile d'argent N, au guide qu'est le travail « sans que s'émeuvent les Rois de la vie, les trois mages, le coeur, l'âme, l'esprit ». Pourtant, la fraîcheur et la tendresse aurorales lui font entrevoir, au ciel renaissant, par delà l'horizon encore imprécis, une lumière réconfortante d'espoir :

> Quand irons-nous, par delà les grèves et les monts, saluer la naissance du travail nouveau, la sagesse nouvelle, la fuite des tyrans et des démons, la fin de la superstition, adorer — les premiers ! — Noël sur la terre ?... Le chant des cieux, la marche des peuples ! Esclaves, ne maudissons pas la vie.

Et c'est cet espoir même du salut dans l'élaboration d'une œuvre de sagesse pour laquelle, affranchi desnécessités matérielles et loin des civilisations insanes et inanes, s'émouvront de concert soncœur, son âme etson esprit,en puissance enfin de s'élever par un mysticisme vierge vers la perfection divine, vers la pure beauté qu'il sait saluer à présent ; c'est cet espoir même qui le fait renoncer à l'art de la poésie — « point de cantiques », dit-il dans son *Adieu* — et délibérément chercher, par le moyen du travail positif et rémunérateur, à acquérir la fortune qu'il n'a pas et à conquérir par là l'indépendance totale, le droit à l'Idéal…

Or, voici arriver l'automne, la maturité. Il n'a pourtant que dix-huit ans ! Mais pourquoi regretterait-il la continuation de sa jeunesse, puisqu'il est engagé « à la découverte de la clarté divine », qui ne s'enclot dans aucune période de temps ? À présent que, par devoir assumé, il est décidé au travail vulgaire, à l'étreinte de « la réalité rugueuse », sa « barque élevée dans les brumes immobiles tourne », malgré lui, « vers le port de la misère, la cité énorme au ciel taché de feu et de boue » : il évoque Paris. Et cette évocation ramène en son souvenir la vision de l'essor prodigieux de son génie, condamné aujourd'hui par sa conscience à se taire et dont, avec un dernier regret, il prononce magnifiquement l'arrêt :

Quelquefois je vois au ciel des plages sans fin couvertes de blanches nations en joie. Un grand vaisseau d'or, au-dessus de moi, agite ses pavillons multicolores sous les brises du matin. J'ai créé toutes les fêtes, tous les triomphes, tous les drames. J'ai essayé d'inventer de nouvelles fleurs, de nouveaux astres, de nouvelles chairs, de nouvelles langues. J'ai cru acquérir des pouvoirs surnaturels. Eh bien je dois enterrer mon imagination et mes souvenirs ! Une belle gloire d'artiste et de conteur emportée. — Moi ! moi…

Enfin — conclut-il dans un sublime mouvement de repentir et de sacrifice — je demanderai pardon pour m'être nourri de mensonge. Et allons.

… Allons ! — « En marche » — Quoiqu'il ne se reconnaisse à Paris aucunes relations capables de l'aider à la conquête d'une position d'attente et libératrice, il lui faut y partir. « L'heure nouvelle est au moins très sévère », dit-il. Il n'a pas d'amis. C'est vrai. Mais ne se rit-il pas à présent des vaines et traîtresses affections, et ce détachement ne serait-il pas plutôt une chance de victoire ? Dans le mutisme de sa vie solitaire au milieu des foules bavardes, durant cette vigile en le labeur machina ! qui le laissera s'imprégner de « vigueur et de tendresse réelle », il se préparera du moins, avec « une ardente patience », à entrer aux « splendides villes » de son but idéal, dans les fêtes de sa pensée, où il lui sera enfin loisible de *posséder la vérité dans une âme et un corps*.

Nous ne nous targuons point d'avoir, en ces quelques pages, donné une complète explication d'*Une Saison en Enfer*. Ajournant même nos observations sur ce que cette œuvre comporte de prophétique, nous avons essayé seulement, pour rester biographe, d'en indiquer l'arabesque psychologique. L'écriture de Rimbaud, en général, offre, par ses racines comme par sa tige et ses ramures, par la pensée comme par l'expression, un tel prolongement, une telle marque d'infini, qu'il faudrait l'attention de plusieurs générations d'analystes pour en mesurer, pour en saisir toute l'étendue. Il y a dans la parole de ce passant parmi nous, et peut-être davantage dans son silence, matière à dissertations aussi bien pour les théosophes et les théologiens que pour les philosophes et les esthéticiens. Voici qu'on commence à proclamer d'*Une Saison en Enfer* qu'elle est un chef-d'œuvre de la littérature française. Il nous paraît, après y avoir longuement réfléchi, qu'elle est autre chose d'encore plus exceptionnel. Elle est, de même au reste que *les Illuminations*, un fait métaphysique, un miracle. Car Rimbaud, évidemment, fut plus qu'un écrivain, plus qu'un poète, plus qu'un homme. Il est, selon l'expression de Paul Claudel, « un esprit angélique certainement éclairé de la lumière d'en haut » ; il est, selon la définition de Paul Valéry, « un feu, un acte pur de divination ».

Faut-il voir dans le seul ouvrage que cet être extraordinaire daigna faire imprimer, mais dont il détruisit les exemplaires aussitôt l'édition parue, dès qu'il constata que ses contemporains ne le comprendraient point ou que mal ; faut-il voir dans *Une Saison en Enfer* un mouvement de conversion ? Oui. C'est bien une conversion, dans le sens absolu du mot. En ce fait, que l'auteur y part de l'esprit pour, par une marche circulaire à travers le monde, en des cyclones de pensée, revenir à l'esprit. Et ce qu'il y a d'énorme dans cet événement, c'est qu'il semble entraîner avec lui l'humanité. « Le monde marche ! » s'écrie Rimbaud. « Pourquoi ne tournerait-il pas ? » Puis : « C'est la vision des Nombres ; nous allons à l'*Esprit* : c'est très certain, c'est oracle, ce que je dis ». Or, « par l'esprit on va à Dieu ».

Si ce n'est des effluves mystiques dégagés par la spiritualité de Rimbaud, d'où viendrait que ses amis les mieux capables tout au moins de le sentir, Verlaine, Germain Nouveau, — nous n'osons dire Forain ni nommer Paul Bourget, — soient devenus, sous des aspects divers, des catholiques croyants ? d'où viendrait, et ceci est encore plus significatif, que les quelques grandes intelligences, de sa génération et de la suivante, qui furent ou sont ferventes de son œuvre, J.-K. Huysmans, dont les livres religieux dans l'ensemble et par leurs données forment en quelque sorte le commentaire d'*Une Saison en Enfer* écrit selon la technique indiquée par le sonnet des *Voyelles*, Paul Claudel, Francis Jammes, d'autres, soient revenus à la foi catholique ? Nous savons, en outre, que Louis Le Cardonnel est le poète de la génération symboliste qui, le premier, lut les *Illuminations* dans le manuscrit.

« C'est à Rimbaud, nous écrit Paul Claudel, que je dois humainement mon retour à la foi. Je pataugeais dans les marécages du rationalisme, et je pensais que le monde entier est aussi explicable qu'une machine à battre, quand la petite livraison de la Vogue du 13 mai 1886[38] est venue briser les murs de la prison infecte où j'étouffais et m'apporter la prodigieuse révélation du surnaturel partout présent autour de nous. Aucun livre ne m'a aidé plus que la *Saison en Enfer* dans cette terrible agonie qu'est la reconquête de la vérité perdue. »

Enfin, que signifierait donc la prose parabolique suivante, trouvée parmi des ébauches d'*Une Saison Enfer* et faisant corps avec elles, si ce n'est qu'Arthur Rimbaud, au moment où il la traça, un jour de mars ou avril 1873, à Charleville ou à Roche, était revenu à l'Évangile ? Il s'y évoque, ange et paralytique guéri par Jésus, quittant avec assurance le monde des infirmes et des damnés de la littérature.

Cette saison, la piscine des cinq galeries était un point d'ennui. Il semblait que ce fût un sinistre lavoir, toujours accablé de la pluie et noir ; et les mendiants s'agitant sur les marches intérieures blêmies par ces lueurs d'orages précurseurs des éclairs d'enfer, tu plaisantais sur leurs yeux bleus aveugles, sur les linges blancs ou bleus dont s'entouraient leurs moignons. Ô buanderie militaire, ô bain populaire L'eau était toujours noire, et nul infirme n'y tombait même en songe.

C'est là que Jésus fit la première action grave avec les infâmes infirmes. Il y avait un jour, de février, mars ou avril, où le soleil de deux heures après midi laissait s'étaler une grande faulx de lumière sur l'eau ensevelie ; et comme, là-bas, loin derrière les infirmes, j'aurais pu voir tout ce que ce rayon seul éveillait de bourgeons et de cristaux et de vers, dans ce lavoir, pareil à un ange blanc couché sur le côté, tous les reflets infiniment pâles remuaient.

L'eau de Mort. Tous les péchés, fils légers et tenaces du démon, qui pour les cœurs un peu sensibles rendaient ces hommes plus efTrayants que des monstres, voulaient se jeter à cette eau. Les infirmes descendaient, ne raillant plus ; mais avec envie.

Les premiers entrés sortaient guéris, disait-on. Non. Les péchés les rejetaient sur les marches, et les forçaient de chercher d'autres postes car leur démon ne 'peut rester qu'aux lieux où l'aumône est sûre.

Jésus entra aussitôt après l'heure de midi. Personne ne lavait ni ne descendait de bêtes. La lumière dans la piscine était jaune comme les dernières feuilles des vignes. Le divin Maître se tenait contre une colonne ; il regardait les fils du Péché le démon tirait sa langue en leur langue, et riait.

Le Paralytique se leva, qui était resté couché sur le ftanc. la ce fut d'un pas singulièrement assuré qu'ils le virent franchir la galerie et disparaître dans la ville, les Damnés[39].

Lui, Rimbaud, qui, durant les années passées, aurait cru déchoir à s'inspirer d'un art littéraire quel qu'il fût, paraphrase saint Jean, ce saint Jean avec lequel d'ailleurs il offre tant d'affinités, ce Jean dont au baptême il a reçu le nom, ce saint Jean à qui l'hôpital de Bruxelles est dédié, ce Jean sous le nom duquel, en l'hôpital de la Conception à Marseille, il préférera mourir

Une Saison en Enfer terminée, il envoya le manuscrit aux éditeurs Poot et Cie. Ensuite, il se rendit à plusieurs reprises dans la capitale belge — ce qui prouverait qu'il n'en avait pas été expulsé au moment du procès — pour, sans nul doute, y surveiller l'impression de son livre. C'est, croyons-nous, lors d'un de ces voyages qu'il fit porter à Verlaine, détenu aux Petits-Carmes, l'exemplaire possédé actuellement par M. Louis Barthou.

Aussitôt l'édition confectionnée, Rimbaud, ne voulant pas apparemment qu'elle fût mise en vente, la rapporta tout entière à Roche. Quelques jours après, il fit parvenir à son ami J. L. Forain un lot de trois ou quatre exemplaires, destinés — nous écrit M. Jean Richepin — à Ponchon, Forain, un autre et lui, Richepin[40]. Puis, il partit pour Paris. C'était vers la fin d'octobre de cette année 1873.

Alfred Poussin, le poète des *Versiculets*, nous a dit l'avoir rencontré le 1er novembre, près de l'Odéon, au café Tabourey, fréquenté presque exclusivement par des littérateurs. L'ayant vu à l'écart de tout le monde et assis devant une table non servie, l'auteur de *la Jument morte*, arrivé récemment de sa province avec le désir de se créer des relations dans le monde des lettres, lui offrit à boire, pour la seule raison que le garçon servant avait, non sans dédain, désigné le solitaire comme un poète. Rimbaud était pâle et, de même qu'à l'ordinaire, muet. Son attitude, ainsi que son visage, décelait quelque chose de virilement amer et de redoutable, qui impressionnait. Il ne répondit pas aux propos amènes de son amphitryon imprévu, — et Poussin, le reste de sa vie, devait garder de cette rencontre un souvenir d'effroi. Cependant, à côté, les autres consommateurs causaient de Rimbaud entre haut et bas, sinistrement et avec une bêtise lâche.

À la fermeture du café — aube du Jour des Morts — le calomnié reprit à grandes enjambées le chemin des Ardennes.

Arrivé à Roche, il jeta au feu le tas presque intact des exemplaires d'*Une Saison en Enfer*. Il brûla, en même temps, tout ce qui de ses manuscrits antérieurs se trouvait à la maison.

Et c'est ainsi qu'en pleine adolescence, ses dix-neuf ans venant, de sonner, Arthur Rimbaud consomma la « trahison au monde », de son verbe miraculeux.

Le poète se naufrageait lui-même. Mais les épaves de son embarcation, recueillies, sont à présent des phares.

Paris-Roche, 1910-1911.

1. ↑ Jean Moréas. Quel poète n'a-t-il pas imité ? Charmant hommeau demeurant, que son amour de la langue et de la poésie françaises fit le héraut du Symbolisme. Rimbaud a été mis par lui très gentiment à contribution pour les *Cantilènes* et le *Pèlerin passionné*.
2. ↑ Cf. EDMOND LEPELLETIER, *Paul Verlaine, sa vie, son œuvre*.
3. ↑ Voir : *Divagations*, Fasquelle, édit.
4. ↑ Voici un récit succinct, mais vrai jusque dans le moindre détail, du « drame » en question. Ce soir-là, aux Vilains Bonshommes, on avait lu beaucoup de vers après le dessert et le café. Beaucoup de vers, même à la fin d'un dîner (plutôt modeste), ce n'est pas toujours des moins fatigants, particulièrement quand ces vers sont un peu bien déclamatoires comme ceux dont *vraiment* il s'agissait (et non de vers du bon poète Jean Aicard). Ces vers étaient d'un monsieur qui faisait beaucoup de sonnets à l'époque et de qui le nom m'échappe. Et, sur le début suivant, après passablement d'autres choses d'autres gens,

    > On dirait des soldats d'Agrippa d'Aubigné
    > Alignés au cordeau par Philibert Delorme…

Rimbaud eut le tort incontestable de protester d'abord entre haut et bas contre la prolongation d'à la fin abusives récitations. Sur quoi M. Étienne Carjat, le photographe-poète de qui le récitateur était l'ami littéraire et artistique, s'interposa trop vite et trop vivement à mon gré, traitant l'interrupteur de gamin. Rimbaud qui ne savait supporter la boisson, et que l'on avait contracté, dans ces « agapes » plutôt modérées, la mauvaise habitude de gâter au point de vue du vin et des liqueurs, — Rimbaud qui se trouvait gris, prit mal la chose, se saisit d'une canne à épée à moi qui était derrière nous, voisins immédiats, et, par dessus la table large de près de deux mètres, dirigea vers M. Carjat qui se trouvait en face ou tout comme, la lame dégainée qui ne fit pas heureusement de très grands ravages, puisque le sympathique ex-directeur du *Boulevard* ne reçut, si j'en crois ma mémoire qui est excellente dans ce cas, qu'une éraflure très légère à une main ». (PAUL VERLAINE, préface aux poésies complètes de A. Rimbaud, édition Vanier). Ajoutons à ce récit que M. Carjat était un géant, portant beau. Très « costeaud », comme on dit à la Villette, il prétendait en imposer à tout le monde. Après cette histoire, il détruisit les clichés de ses photographies de Rimbaud.

5. ↑ Anagramme de Paul Verlaine.
6. ↑ Collection L. Barthou. Selon M. Georges Maurevert, ce manuscrit aurait jadis appartenu à Forain. Rimbaud l'aurait donc envoyé à celui-ci, de Charleville.
7. ↑ Le poète, croyons-nous, entrevoyait aur ces chansons de la musique de son ami Cabaner. Outre la variante sans titres qui figure au recueil des *Illuminations*, il en existe une autre ayant pour titre général : *Soif*, et subdivisée ainsi : chanson I, chanson II, chanson III, chanson IV, chanson V. Une quatrième variante porte comme titre général : *Enfer de la soif*.
8. ↑ Cf. EDMOND LEPELLETIER, *Paul Verlaine*.
9. ↑ Cette variante de *Voyelles* et le quatrain inédit, qui suit, sur la couleur des sensations font aussi partie de la collection d'autographes de M. Louis Barthou. François Coppée — est-ce faute de sincérité ou de compréhension ? — a voulu voir dans le sonnet des *Voyelles* l'œuvre d'un fumiste. M. Ernest Gaubert, plus explicite dans du scepticisme, a voulu, un jour, démontrer que Rimbaud n'avait senti la couleur des sons que d'après les illustrations d'un abécédaire... Comme si le *Bateau ivre*, *les Chercheuses de Poux, les Illuminations* n'eussent point été là pour infirmer d'avance cette trop facile, trop puérile thèse !

10. ↑ « Je m'éloignais du contact. Étonnante virginité ! » écrit Rimbaud dans l'un des brouillons d'*Une saison en Enfer*.
11. ↑ PAUL VERLAINE, *Jadis el Naguère*. Notons tout de suite que *Crimen amoris* est postérieur à *Une Saison en Enfer,* dont il semble inspiré. Il fut composé après le drame de Bruxelles, qu'il évoque subsidiairement, en septembre ou octobre 1873. Rimbaud avait fait tenir à Verlaine, dès septembre, un exemplaire d'*Une Saison en Enfer* mal paginé et qui semblerait, à cause de cela, avoir été le premier confectionné.
12. ↑ Il existe plusieurs portraits du poète faits à l'époque de sa vie parisienne. Ce sont, d'abord, les deux photographies d'Étienne Carjat, tirées à peu d'heures de distance en la fin de 1871, dont l'une représente Rimbaud au calme, dont l'autre le montre excité. (Celle-ci a servi de document pour les dessins parus dans les *Poètes maudits* et les *Hommes d'Aujourd'hui* ; celle-là a été utilisée pour le dessin dans la *Revue d'Ardenne et d'Argonne* et reproduite au *Rimbaud* d'Ernest Delahaye). Puis, c'est une peinture d'après le vif, faite au commencement de 1872 par Fantin-Latour, dans son tableau du *Coin de Table*, tableau dont nous avons parlé plus haut et qui est, du reste, fort connu. Cette toile compte parmi les plus belles œuvres du maitre-peintre ; elle est la propriété, à cette heure, de M. Émile Blémont, l'un des poètes portraiturés avec Rimbaud, et nous avons tout lieu de croire qu'elle ira, un jour, figurer au musée du Louvre. Une répétition à la gouachedu Rimbaud de Fantin-Latour a été reproduite en tête de l'édition des *Œuvres* du poète établie par le *Mercure de France*. L'héliogravure qui est en tête du présent volume reproduit l'une des photographies de Carjat.
13. ↑ PAUL VERLAINE, *Amour*.
14. ↑ PAUL VERLAINE, *Romances sans Paroles*.
15. ↑ Voir à l'appendice.
16. ↑ *Le Poète et la Muse*. Rapprocher aussi des *Romances sans Paroles* les vers suivants, écrits par Rimbaud en avril 1872 et qui sont, par conséquent, antérieurs aux « Paysages belges.»

>Entends comme brame
>Près des acacias,
>En avril, la rame
>Viride du bois !
>
>Dans sa vapeur nette,
>Vers Phoebé tu vois
>S'agiter la tête

> De saints d'autrefois...
>
> Loin des claires meules
> Des caps, des beaux toits,
> Ces chers Anciens veulent
> Ce philtre sournois...
>
> Or, ni fériale
> Ni astrale ! n'est
> La brume qu'exhale
> Ce nocturne effet.
>
> Néanmoins ils restent,
> — Sicile, Allemagne,
> Dans ce brouillard triste
> Et blêmi, justement !

17. ↑ *Revue d'Ardenne et d'Argonne.*
18. ↑ Cf. *Les Hommes d'Aujourd'hui.*
19. ↑ Paul Verlaine, *Jadis et Naguère.*
20. ↑ Voir à ce sujet la préface de Verlaine aux *Poésies complètes* d'Arthur Rimbaud, page X (édition Vanier. 1895.).
21. ↑ *Une Saison en Enfer.*
22. ↑ Voir page 171.
23. ↑ *Une Saison en Enfer.*
24. ↑ Paul Verlaine, *Sonnet boiteux* (Jadis et Naguère).
25. ↑ *Une Saison en Enfer*, Délires I.
26. ↑ Voyez à l'Appendice la première déposition de Rimbaud devant ce magistrat, en date du 12 juillet 1873.
27. ↑ Dans une lettre de Verlaine à M. Lepelletier, lettre datée de Londres, on lit ce passage :

> Il y a bien l'enfant aussi que l'on voudrait m'escamoter, et qu'en attendant on cache à ma mère qui n'en peut mais ; pour ça, comme c'est un délit atroce, point je pense ne m'est besoin de m'en remettre à autre chose qu'aux justices humaine ou divine. De cette dernière, s'il le faut, je serai le bras provoqué...

28. ↑ Paul Verlaine, *Mes Prisons.*
29. ↑ Voyez le texte exact de ces documents à l'Appendice.
30. ↑ Né le 20 octobre 1854, Rimbaud n'avait en réalité que 18 ans. Il se vieillit, Cela lui arrivait quelquefois. Cette sorte de pudeur est fréquente

chez les jeunes gens.
31. ↑ *Une Saison en Enfer*.
32. ↑ *Feins* est souligné par Verlaine.
33. ↑ Les mots en petites capitales sont ceux soulignés au texte par Rimbaud lui-même.
34. ↑ Les mots en italique ont été soulignés par Rimbaud.
35. ↑ Souligné par Rimbaud.
36. ↑ « Maintenant — a écrit Rimbaud dans une ébauche du chapitre *Délires II* d'*Une Saison en Enfer* — je puis dire que l'art est une sottise. »
37. ↑ Dans l'ébauche de *Délires II* déjà citée, on lit : « Quel cloître possible pour ce beau dégoût ! »
38. ↑ *La Vogue*, dirigée par M. Gustave Kahn, publiait à cette date les *Illuminations*, encore inédites.
39. ↑ Les variantes qu'offre ce texte, par rapport à celui de la même prose dans les *Œuvres* de Jean-Arthur Rimbaud, sont données par un nouvel examen à la loupe du manuscrit appartenant à M. F.-A. Cazals. Ce manuscrit, répétons-le, n'est qu'un brouillon, une ébauche rapide tracée d'une écriture menue et malaisément déchiffrable.
40. ↑ N'oublions pas qu'à cette époque MM. Jean Richepin et Raoul Ponchon formaient, avec quelques autres jeunes écrivains, le groupe des *Vivants*, adverse au Parnasse.

APPENDICE

PIÈCES JUSTIFICATIVES

I

Acte de naissance de J̱ean-Arthur Rimbaud.(Extrait des Registres de l'État-civil de la ville de Charleville, Ardennes.)

L'an mil huit cent cinquante-quatre, le vingt du mois d'octobre, à cinq heures du soir, devant nous François-Dominique-Eugène La Marle, adjoint remplissant par délégation les fonctions d'officier de l'état civil de la ville de Charleville, deuxième arrondissement du département des Ardennes, a comparu Jean-Nicolas Cuif, âgé de cinquante-six ans, rentier, domicilié à Charleville, lequel nous a déclaré que Marie-Catherine-Vitalie Cuif, âgée de vingt-neuf ans, sans profession, épouse de Frédéric Rimbaud, âgé de quarante ans, capitaine d'infanterie au quarante-septième de ligne en garnison à Lyon, y domicilié, est accouchée en cette ville, aujourd'hui vingt du présent mois, à six heures du matin, dans la maison de Jean-Nicolas Cuif susnommé, rue Napoléon, quartier Notre-Dame, d'un enfant du sexe masculin qu'il nous a présenté et auquel il a donné les prénoms de Jean-Nicolas-Arthur, lesquelles déclaration et présentation faites en présence de Prosper Letellier, âgé de cinquante-six ans, libraire, et Jean-Baptiste Hémery, âgé de trente-neuf ans, employé de la mairie, domiciliés à Charleville. Et après que nous leur avons donné lecture du présent acte, les comparant et témoins susdits l'ont signé avec nous.

(Suivent les signatures.)

II

Acte de naissance de Frédéric Rimbaud, père de Jean-Arthur. (Extrait des Registres de l'État-civil de la ville de Dole, Jura, déposés au greffe du Tribunal civil de Dole.)

Du huitième jour du mois d'octobre à cinq heures du soir, l'an mil huit cent quatorze. Acte de naissance de Frédéric Rimbaud, né à Dole le jour d'hier à dix heures du soir, fils du sieur Didier Rimbaud domicilié à Dole, tailleur d'habits, âgé de vingt-huit ans et de Catherine Taillandier, âgée de vingt-huit ans, mariés. Le sexe de l'enfant a été reconnu être masculin. Premier témoin, le sieur

Frédéric Fleisg, domicilié à Dole, tailleur d'habits, âgé de trente-un ans. Second témoin, le sieur Claude-Antoine Pélissard, domicilé à Dole, épicier, âgé de cinquante ans, sur la réquisition à nous faite par le dit sieur Didier Rimbaud, père du dit enfant mâle, ci-présent. Lu aux parties, et constaté par moi, maire de Dole, faisant les fonctions d'officier de l'état-civil, soussigné avec les dits témoins et le père du dit enfant mâle. Dame Jeanne Clément née Petit, présente et soussignée.

(Suivent les signatures.)

III

Acte de naissance de VITALIE CUIF, épouse de Frédéric Rimbaud et mère de Jean-Arthur. (Extrait des Registres de l'État-civil de la commune de Roche, Ardennes.)

L'an mil huit cent ving-cinq, le onze du mois de mars, à huit heures du matin, par devant nous Ponce Vuibert, adjoint, officier de l'état-civil de la commune de Roche et Méry, canton d'Attigny, département des Ardennes, est comparu Jean-Nicolas Cuif, âgé de vingt-sept ans, cultivateur domicilié à Roche, lequel nous a présenté un enfant du sexe féminin, né le dix mars, présent mois, à deux heures du matin, en sa maison, de lui déclarant, à Roche, et de Marie-Louise-Félicité Fay, son épouse et auquel il a déclaré vouloir donner les prénoms de Marie-Catherine-Vitalie ; les dites déclaration et présentation ont été faites en présence de Jean Cuif, âgé de soixante-six ans, propriétaire demeurant au dit Roche, premier témoin, et de Jean-Baptiste-Louis Lemoine, âgé de trente-six ans, cultivateur, second témoin, demeurant à Méry ; et ont les père et témoins signé avec nous le présent acte de naissance après qu'il leur en a été fait lecture.

(Suivent les signatures.)

IV

Déposition du témoin RIMBAUD Arthur, en date du 12 juillet 1878. (Extrait du dossier du Procès de Bruxelles.)

— J'ai fait, il y a deux ans environ, la connaissance de Verlaine à Paris. L'année dernière, à la suite de dissentiments avec sa femme et la famille de celle-ci, il me proposa d'aller avec lui à l'étranger ; nous irions gagner notre vie d'une manière ou d'autre, car moi je n'ai aucune fortune personnelle, et Verlaine n'a que le produit de son travail et quelque argent que lui donne sa mère ; nous sommes venus ensemble à Bruxelles au mois de juillet de l'année dernière, nous y avons séjourné pendant deux mois environ voyant qu'il n'y avait rien à faire pour nous dans cette ville, nous sommes allés à Londres. Nous y avons vécu ensemble jusque dans ces derniers temps, occupant le même logement et mettant tout en commun. À la suite d'une discussion que nous avons eue au commencement de la semaine dernière, discussion née des reproches que je lui faisais sur son indolence et sa manière d'agir à l'égard des personnes de nos connaissances, Verlaine me quitta presque à l'improviste, sans même me faire connaître le lieu où il se rendait ; je supposai cependant qu'il se rendait à Bruxelles, ou qu'il y passerait, car il avait pris le bateau d'Anvers ; je reçus ensuite de lui une lettre datée « en mer », que je vous remettrai, dans laquelle il m'annonçait qu'il allait rappeler sa femme auprès de lui, et que, si elle ne répondait pas à son appel, dans trois jours il se tuerait ; il me disait aussi de lui écrire poste restante à Bruxelles ; je lui écrivis ensuite deux lettres, dans lesquelles je lui demandai de revenir à Londres ou de consentir à ce que j'allasse le rejoindre à Bruxelles ; je désirais nous réunir de nouveau, parce que nous n'avions aucun motif de nous séparer.

Je quittai donc Londres, j'arrivai à Bruxelles mardi matin, et je rejoignis Verlaine ; sa mère était avec lui il n'avait aucun projet déterminé ; il ne voulait pas rester à Bruxelles, parce qu'il craignait qu'il n'y eût rien à faire dans cette ville ; moi, de mon côté, je ne voulais pas consentir à retourner à Londres, comme il me le proposait, parce que notre départ devait avoir produit un trop fâcheux effet dans l'esprit de nos amis, et je résolus de retourner à Paris ; tantôt Verlaine manifestait l'intention de m'y accompagner, pour aller, comme il disait, faire justice de sa femme et de ses beaux-parents tantôt il refusait de m'accompagner, parce que Paris lui rappelait de trop tristes souvenirs ; il était dans un état d'exaltation très grande ; cependant il insistait beaucoup auprès de moi pour que je restasse avec lui ; tantôt il était désespéré, tantôt il entrait en fureur ; il n'y avait aucune suite dans ses idées. Mercredi soir, il but outre mesure et s'enivra. Jeudi matin, il sortit à six heures il ne rentra que vers midi, il était de nouveau en état d'ivresse ; il me montra un pistolet qu'il avait acheté, et, quand je lui demandai ce qu'il comptait en faire, il répondit en plaisantant : « C'est pour vous, pour moi, pour tout le monde ! » Il était fort surexcité.

Pendant que nous étions ensemble dans notre chambre, il descendit encore plusieurs fois pour boire des liqueurs ; il voulait toujours m'empêcher d'exécuter mon projet de retourner à Paris. Je restai inébranlable, je demandai même de l'argent à sa mère pour faire le voyage ; alors, à un moment donné, il ferma à clef la porte de la chambre donnant sur le palier, et il s'assit sur une chaise, contre cette porte ; j'étais debout adossé contre le mur d'en face ; il me dit alors « Voilà pour toi, puisque tu pars ! » ou quelque chose dans ce sens ; il dirigea son pistolet sur moi et m'en lâcha un coup qui m'atteignit au poignet gauche ; le premier coup fut presque instantanément suivi d'un second, mais cette fois l'arme n'était plus dirigée contre moi, mais abaissée vers le plancher.

Verlaine exprima immédiatement le plus vif désespoir de ce qu'il avait fait ; il se précipita dans la chambre contiguë, occupée par sa mère, et se jeta sur le lit ; il était comme fou, il me mit son pistolet entre les mains et m'engagea à le lui décharger sur la tempe ; son attitude était celle d'un profond regret de ce qui lui était arrivé vers cinq heures du soir, sa mère et lui me conduisirent ici pour me faire panser. Revenus à l'hôtel, Verlaine et sa mère me proposèrent de rester avec eux, pour me soigner, ou de retourner à l'hôpital jusqu'à guérison complète ; la blessure me paraissant peu grave, je manifestai l'intention de me rendre le soir même en France, à Charleville, auprès de ma mère. Cette nouvelle jeta Verlaine dans le désespoir ; sa mère me remit 20 francs pour faire le voyage, et ils sortirent avec moi pour m'accompagner à la gare du Midi.

Verlaine était comme fou il mit tout en œuvre pour me retenir d'autre part, il avait constamment la main dans la poche de son habit, où était son pistolet. Arrivés à la place Rouppe, il nous devança de quelques pas, et puis il revint sur moi ; son attitude me faisait craindre qu'il ne se livrât à de nouveaux excès ; je me retournai et je pris la fuite en courant ; c'est alors que je priai un agent de police de l'arrêter.

La balle, dont j'ai été atteint à la main, n'est pas encore extraite ; le docteur d'ici m'a dit qu'elle ne pourrait l'être que dans deux ou trois jours.

D. – De quoi viviez-vous à Londres ?

R. – Principalement de l'argent que Mme Verlaine envoyait à son fils nous avions aussi des leçons de français que nous donnions ensemble, mais ces leçons ne nous rapportaient pas grand'chose, une douzaine de francs par semaine, vers la fin.

D. – Connaissez-vous le motif des dissentiments de Verlaine et de sa femme ?

R. – Verlaine ne voulait pas que sa femme continuât d'habiter chez son père.

D. — N'invoque-t-elle pas aussi comme grief votre intimité avec Verlaine ?

R. — Oui, elle nous accuse même de relations immorales. Mais je ne veux pas me donner la peine de démentir de pareilles calomnies.

Lecture faite, persiste et signe.

(Suivent les signatures.)

V

Seconde déposition du témoin RIMBAUD Arthur, en date du 18 juillet 1873. (Extrait du dossier du Procès de Bruxelles.)

— Je persiste dans les déclarations que je vous ai faites précédemment, c'est-à-dire qu'avant de me tirer un coup de pistolet, Verlaine avait fait toutes espèces d'instances auprès de moi pour me retenir avec lui ; il est vrai qu'à un certain moment il a manifesté l'intention de se rendre à Paris pour faire une dernière tentative de réconciliation auprès de sa femme, et qu'il voulait m'empêcher de l'y accompagner ; mais il changeait d'idées à chaque instant ; il ne s'arrêtait à aucun projet : aussi je ne puis trouver aucun mobile sérieux à l'attentat qu'il a commis sur moi du reste sa raison était complètement égarée, il était en étal d'ivresse, il avait bu dans la matinée, comme il a, du reste, l'habitude de le faire quand il est livré à lui-même.

On m'a extrait, hier, de la main la balle de revolver qui m'a blessé ; le médecin m'a dit que dans trois ou quatre jours ma blessure serait guérie.

Je compte retourner en France, chez ma mère, qui habite Charleville.

Lecture faite, persiste et signe.

(*Suivent les signatures.*)